Colección

Vendedores Efectivos

Por qué caminar CUANDO PUEDES VOLAR

Cómo lograr tus metas más rápido de lo que creías posible

Brian Tracy

TALLER DEL ÉXITO

Por qué caminar cuando puedes volar

Título en inglés: *Flight Plan - The Real Secret of Success*
Traducción: © Taller del Éxito Inc.

Publicado por:
Editorial Taller del Exito
1669 N.W. 144 Terrace, Suite 210
Sunrise, Florida 33323, U.S.A.
www.tallerdelexito.com

Editorial dedicada a la difusión de libros y audiolibros de desarrollo personal, crecimiento personal, liderazgo y motivación.

Diseño de carátula y diagramación: Diego Cruz

ISBN 10: 1-607380-86-2
ISBN 13: 978-1-60738-086-3

Printed in Colombia
Impreso en Colombia por D'vinni S.A.

11 12 13 14 15 R|CD 08 07 06 05 04

Dedicado a mi maravillosa hija Christina, una hermosa mujer, dedicada madre y esposa de Damon. Eres la inspiración de este libro, una sabia consejera y colaboradora y un ejemplo para todos nosotros.

Contenido

INTRODUCCIÓN

El verdadero secreto del éxito

Un viaje de mil leguas
comienza con un solo paso.
CONFUCIO

Esta es una maravillosa época para estar vivo. Nunca ha sido tan posible que más y más personas logren la mayoría de sus metas en toda la historia humana. Y en los años venideros será mucho mejor. Tu trabajo es participar completamente en lo que los economistas llaman la "Era de oro" de la humanidad.

En nuestro mundo todos quieren ser felices, saludables, delgados y ricos tan rápido y fácil como sea posible. A lo largo de la historia, como respuesta a esta exigencia casi universal de gratificación inmediata, innumerables personas y organizaciones han ofrecido seductoras fórmulas, técnicas especiales, estrategias esotéricas y secretos para alcanzar el éxito y la felicidad sin ningún esfuerzo.

Con frecuencia, alguien surge con un libro como *El Secreto*, sugiriendo que tienen una manera muy buena y fácil de ser feliz y ganar mucho dinero. Según *El Secreto,* lo único que debes hacer es pensar y visualizar pensamientos positivos y atraerás a tu vida todas las cosas buenas que desees. Esa idea atrae a personas que no están dispuestas a hacer el trabajo duro necesario para lograr algo que vale la pena.

Pero el verdadero secreto para el éxito es que no hay secretos. Sólo hay principios universales y verdades de todos los tiempos que han sido descubiertos y redescubiertos con el paso de las edades. La felicidad, la salud y la prosperidad no suceden por accidente. Son el resultado de un diseño intencional y están sujetos a la norma de hierro de Causa y Efecto.

Esta norma dice que "por cada causa hay un efecto". También dice: "por cada efecto hay una causa o causas". Eso quiere decir que si haces ciertas cosas, obtendrás mejores resultados. La Biblia dice: "Lo que siembras, eso también cosecharás". Sir Isaac Newton escribió: "Para cada acción, hay una reacción igualmente opuesta".

Esta es una regla sencilla: Si haces lo que hacen otras personas exitosas, una y otra vez, nada puede impedir que finalmente obtengas los mismos resultados. A la inversa, si no haces lo que otras personas exitosas hacen, nada puede ayudarte. El éxito no es un accidente. No es cuestión de suerte sino de diseño. Es cuestión de causa y efecto.

El gran descubrimiento

Probablemente el gran descubrimiento en la historia humana: el principio fundamental de la religión, la filosofía, la metafísica y la psicología, es que los pensamientos son causas y las condiciones son efectos. Eso quiere decir que tus pensamientos crean tu realidad. No ves el mundo como es sino como tú eres. A donde mires, te ves a ti mismo. En un sentido más amplio, tu mundo exterior es un espejo de tu mundo interior. Lo que pienses por dentro se reflejará en lo exterior. Si quieres conocer lo que está sucediendo dentro de una persona, sólo mira lo que le está ocurriendo en lo exterior.

Esta Ley de Correspondencia, "tu mundo exterior corresponde con tu mundo interior", es inviolable, por lo menos con el paso del tiempo. No puedes obtener y conservar algo en lo exterior, para lo que no te hayas preparado y lo hayas ganado en lo interior.

Seguramente has oído decir que para tener éxito, debes tener lo que se necesita. Bueno, esto es la equivalencia mental en el interior para lo que quieres lograr o vivir en lo exterior. Para cambiar tu mundo exterior, debes cambiar tu mundo interior. Como lo dijo Goethe, "Para tener más, primero debes ser más".

En otras palabras, para crear una vida diferente, en cualquier área, debes ser una persona diferente. Debes aprender y crecer y tener las experiencias necesarias que te dan la sabiduría y perspectiva para vivir una vida maravillosa. Y no hay atajos.

Esto me lleva a una metáfora para el éxito que he compartido con miles de personas por todo el mundo por muchos años. Cuando describo esta metáfora, cada persona exitosa con la que he hablado ha dicho: "Esa es exactamente la razón por la cual tengo éxito ahora".

La vida es un viaje

Con los años, he viajado en avión por todo el país y por el mundo muchas veces. Un día, aprendí algo interesante: cuando vuelas en avión rumbo a cualquier destino, el 99 por ciento del tiempo lo haces fuera del curso. Debido a condiciones inevitables como elevaciones, descensos, vientos cruzados, turbulencias, tormentas, rayos y el magnetismo de la Tierra, el avión a lo largo del viaje estará fuera del curso.

Sin embargo, cuando el avión despega de Los Ángeles rumbo a Nueva York, el piloto anuncia por el altoparlante algo como: "damas y caballeros, gracias por volar con nuestra aerolínea. Nuestro vuelo hoy tomará apróximadamente cinco horas y veinte minutos, y tocaremos tierra en el aeropuerto La Guardia faltando veinte minutos para la seis de la tarde. Que disfruten su vuelo". Y como se espera, cinco horas y veinte minutos después, el avión aterriza en La Guardia, justo a tiempo, como se había predicho.

Este es el punto: en la vida, la mayor parte del tiempo te encontrarás fuera de curso. No importa lo cuidadosamente que planees y organices con anticipación, tu vida será una serie de dos pasos hacia adelante y uno hacia atrás. Desde el momento en el que comienzas tu viaje, hacia tu destino tendrás que hacer correcciones en el curso permanentemente. Tendrás que comenzar, detenerte, ir a la izquierda o a la derecha, pasar por debajo o por encima de obstáculos, y a menudo volver sobre tus pasos. Esas son las experiencias básicas necesarias para ser el tipo de persona que debes ser para lograr cualquier tipo de éxito duradero.

Necesitas un Plan de Vuelo

Un hombre sabio una vez me dijo: "El éxito son metas; todo lo demás son comentarios". Para alcanzar mucho, debes tener metas claras, planes y horarios para llegar de donde estás hoy a donde quieres estar en el futuro. Necesitas preparar un plan de vuelo antes de comenzar, para usarlo, y que sirva como dirección para tu viaje. Luego debes tener el valor para "despegar", dar un paso de fe sin tener garantía de éxito. En tu viaje, debes alistarte para hacer correcciones con frecuencia. Y, en especial, debes decidir por anticipado que seguirás avanzando hasta que llegues a tu destino.

El verdadero Secreto en acción

El misil guiado más sofisticado, que puede volar sin errar su blanco, primero debe ser lanzado al aire. Debe estar en movimiento hacia su objetivo antes que el mecanismo de dirección comience a funcionar.

De igual manera, antes de que puedas usar todos tus sobresalientes poderes y habilidades, también debes lanzarte. Debes dar el primer paso. Debes actuar. Debes superar tus temores al fracaso y las posibles decepciones. Debes salirte de tu zona de comodidad hacia tu zona de incomodidad.

El verdadero secreto para el éxito es que la vida es como un viaje de larga distancia en avión. Primero debes determinar a donde quieres ir, abordar el avión, y luego despegar hacia tu meta, sabiendo anticipadamente que estarás fuera de curso el 99 por ciento del tiempo. Y cuando hayas comenzado, debes estar preparado para corregir el curso permanentemente hasta que llegues a tu destino.

Que comience el vuelo

Hay doce pasos que puedes dar en tu viaje hacia una mayor alegría, salud y prosperidad de las que hayas disfrutado antes. Al seguirlos, puedes tomar completo control de tu vida, activar todos tus poderes mentales, ser la persona que deseas ser e incrementar las probabilidades de que llegarás a tu destino a tiempo.

CAPÍTULO UNO

Elige tu destino

El esmero caracteriza a todo hombre exitoso. La genialidad es el arte de hacer infinitos esfuerzos. Todo logro excepcional se ha caracterizado por un cuidado extremo, un esmero infinito, hasta en el más mínimo detalle.

ELBERT HUBBARD

Tú tienes la habilidad, en este momento, para lograr más en la vida de lo que alguna vez te hayas imaginado. Tienes más talento del que podrías usar en cien vidas. Nunca ha habido más oportunidades e innovaciones para permitirte lograr altos niveles de salud, felicidad y bienestar financiero de las que existen hoy en día. Para que puedas darte cuenta de este ilimitado potencial, tu principal y mayor responsabilidad contigo mismo es tener completa claridad de qué es lo que realmente quieres.

Cuando tengas completamente claro quién eres, qué quieres y a dónde quieres ir, lograrás diez veces más que la persona promedio y también lo harás más rápido.

Prácticamente todos tenemos cuatro metas principales en común. Estas son: (1) estar en buena condición física, estar saludables y vivir una larga vida; (2) tener un trabajo que disfrutemos y que sea bien pago; (3) tener relaciones felices con las personas que amamos y respetamos y que también nos aman y respetan, y (4) lograr independencia financiera para que no tengamos que volver a preocuparnos por el dinero. Cuando te califiques a ti mismo con un puntaje de uno a diez en cada una de esas áreas, encontrarás que la mayoría de tus problemas y preocupaciones hoy en día se encuentra en aquella área en la que obtuviste el menor puntaje. Las mejorías más rápidas en tu vida vendrán cuando hagas mejoras en esa área específica.

Una cosmovisión abundante

Al volar hacia cualquiera de estos cuatro destinos, puedes tener una actitud de abundancia o de escasez. Si tienes una actitud de abundancia, tendrás certeza, serás optimista y positivo, y trabajarás continuamente con confianza en la dirección de tus sueños.

Cuando tienes esta actitud, tendrás la tendencia a ver el mundo en una forma benevolente. Creerás que el mundo es un buen lugar que en gran medida está lleno de buenas personas. Sentirás que este es el mejor de todos los tiempos para estar vivo.

Esto no significa que no seas consciente de los problemas y dificultades en el mundo. Sino que aceptas que estos problemas siempre han existido. Con una actitud de abundancia, serás más positivo y constructivo, más enfocado en las soluciones que en los problemas. Estarás más preocupado por lo que se puede hacer para mejorar las cosas en lugar de culpar a alguien o pensar en lo que ha sucedido en el pasado.

Si tienes una actitud de escasez, serás lo opuesto. Creerás que el éxito es un simple asunto de suerte y quienes son exitosos probablemente se ganaron el dinero haciendo trampa o estafando a alguien más. Verás opresión e injusticia en todas partes. Fácilmente aceptarás las viejas excusas: "Los ricos se hacen más ricos y los pobres se hacen más pobres", "no se trata de qué tanto sabes sino a quién conoces", "no puedes enfrentarte al gobierno".

Sea cual sea la actitud que desarrolles, ésta tomará fuerza propia. Tu mundo exterior se conformará según tu mundo interior. Es obvio que tienes una cosmovisión abundante y benévola ya que estás leyendo este libro. Tienes un alto sentido de control y crees que la mayoría de lo que te sucede a ti es autodeterminado.

Si eres una persona positiva y constructiva, aceptarás un alto nivel de responsabilidad por ti mismo y por todo lo que te sucede. No culpas a otras personas o inventas excusas. Si no estás feliz con la situación, te encargas de hacer algo para cambiarla. Y si no puedes cambiarla, la aceptas. Pero nunca te quejas.

Traza tu destino

Entre más tiempo te tardes en decidir tu destino y tus metas, más rápido y fácil será alcanzarlas. Tu determinación sobre el futuro determinará tus acciones en el presente cada día.

Comienza con la que probablemente es la pregunta más importante de todas: ¿realmente qué quiero hacer con mi vida?

Cuando establezcas metas propias en cualquier parte de tu vida sé completamente egoísta. Idealiza. Determina exactamente las condiciones que te harían más feliz y te darían la mayor satisfacción si pudieras lograrlas.

Imagina que pudieras mover una varita mágica sobre tu vida y hacerla perfecta en todo aspecto. ¿Cómo se vería? ¿Qué te atreverías a soñar si supieras que no puedes fallar?

Cuando hagas esta pregunta imagina que no tienes límites de ninguna clase. Imagina que tienes todo el tiempo, el dinero, el conocimiento y las destrezas, todos los amigos y contactos, toda la educación y la habilidad que necesitas para alcanzar cualquier meta que te fijes. Dicho de otra forma, imagina que tienes una tarjeta de crédito sin límite y que puedes volar a cualquier destino.

Tu profesión e ingresos ideales

Comienza con tu trabajo y tu profesión. Si tus ingresos fueran ideales, ¿cuánto estarías ganando? Si tu lugar de trabajo fuera perfecto, ¿en qué tipo de compañía u organización trabajarías? ¿Con qué tipo de personas trabajarías? Si pudieras diseñar tu trabajo, ¿cómo disfrutarías más del trabajo y en qué maneras serías más productivo? ¿Qué talentos especiales y habilidades tienes que te gustaría utilizar en el nivel más alto posible?

Como vas a tener que trabajar la mayoría de tu vida, una de tus principales responsabilidades es tener completamente claro tu trabajo perfecto. Como dijo Napoleón Hill: "La clave del éxito es determinar qué es lo que más disfrutas hacer y luego encontrar la forma de ganar bastante dinero haciéndolo".

Si pudieras hacer una sola cosa todo el día y te pagaran bien por hacerlo, ¿qué harías?

Tus talentos y habilidades naturales

Wayne Dyer dice que cada hijo viene al mundo con órdenes secretas. ¿Cuáles son las tuyas? ¿Para qué naciste? ¿Cuáles son los talentos, habilidades, intereses, deseos y destrezas especiales que te hacen único, diferente de todas las otras personas? ¿Cómo sabes cuándo estás haciendo lo que estás destinado a hacer? ¿Cómo puedes saberlo?

Aquí hay diez indicadores que puedes usar para determinar que estás en el área correcta, haciendo aquello para lo cual fuiste puesto en la Tierra.

1. Amas tu trabajo. Te interesa, te fascina, te atrae.
2. Quieres ser excelente en tu trabajo, como para estar dentro del 10 por ciento de los mejores en tu área.
3. Admiras a las personas más sobresalientes en tu campo y quieres ser como ellos para alcanzar su mismo nivel de éxito.
4. Te gusta aprender sobre el campo que elegiste, leer al respecto, asistir a cursos y conferencias sobre el tema, escuchar programas relacionados. Nunca te cansas de aprender más durante tu vida.
5. El trabajo ideal para ti es algo que es fácil de aprender y fácil de hacer. Parece llegarte de forma natural, mientras que es difícil para otros.
6. Cuando estás completamente ocupado en tu trabajo el tiempo se detiene. A menudo se te olvida comer, beber, hacer pausas y descansar.
7. El éxito en éste campo te produce los más grandes sentimientos de autoestima y satisfacción, tus máximas experiencias en la vida. No ves la hora de alcanzar el éxito de nuevo.
8. Te gusta pensar sobre tu trabajo y hablar al respecto cuando no estás trabajando. Está entretejido con toda tu vida.
9. Te gusta asociarte con otras personas en tu campo y hablar de negocios en cada ocasión.
10. Planeas hacer este trabajo toda tu vida y nunca jubilarte porque lo disfrutas mucho.

Se ha dicho: "haz aquello que amas y el dinero lo seguirá". El verdadero éxito viene de descubrir lo que te encanta hacer y luego poner todo el corazón para hacerlo mejor y mejor. Determinar tu trabajo o profesión ideal es esencial para elegir tu destino real y cumplir a cabalidad tu potencial.

Tu perfecta vida personal

Mueve una varita mágica sobre tu vida, relaciones y vida personal. Si tu vida familiar fuera perfecta, ¿cómo se vería? ¿Qué tipo de estilo de vida disfrutarías? ¿Dónde vivirías? ¿Qué clase de casa tendrías? ¿Cómo pasarías tu tiempo con los miembros de tu familia a cada momento?

Si no estás casado, describe la perfecta relación para ti. Imagínate la persona de tus sueños. Escribe cada cualidad y característica que tendría la persona perfecta para ti. Te sorprenderá mucho lo rápido que conocerás a la persona correcta para ti cuando tengas claro cómo se ve.

Si tu vida personal fuera perfecta en todos los aspectos, ¿cómo invertirías tu tiempo y tu vida? ¿Qué tipo de auto conducirías? ¿Qué tipo de vacaciones tomarías? ¿Qué tipo de destinos te gustaría visitar? Crea tu calendario ideal, día a día, semana a semana, mes a mes y año a año. Saber lo que quieres es el primer paso para alcanzarlo.

Imagina que no hay límites

Si tu salud fuera perfecta, ¿qué diferencia tendría con tu salud actual? ¿Cuánto pesarías? ¿Cómo sería tu estado físico? ¿Qué tipo de comidas tomarías? ¿Qué tipo de ejercicio físico harías cada día y cada semana? Imagina que pudieras esculpir y formar tu cuerpo perfecto. ¿Cómo te verías?

Finalmente, si tu vida financiera fuera perfecta en todo aspecto, ¿cuánto ganarías? ¿Cuánto dinero tendrías en el banco? ¿Cuánto dinero tendrías invertido y produciendo para ti? ¿Cuánto sería tu capital neto? ¿Cuánto ganarías como entradas pasivas por mes y por año? Especialmente, ¿cuánto quieres que sea tu capital neto?

Mientras más claridad tengas en tus respuestas a estas preguntas, más fácil será planear tu destino y determinar tu plan de vuelo.

Independencia financiera

Éste es un ejercicio sencillo: determina cuánto te costaría cada mes vivir cómodamente aún si no tuvieras ningún ingreso. Incluye todos tus gastos de vivienda, comida, viajes, gastos médicos, vacaciones y entretenimiento. Multiplica ese número por 12 (el número de meses en un año), y luego multiplica el resultado por 20 (el número de años que probablemente vivirás después de jubilarte). El total representa tu meta de jubilación. Esa es la cantidad que debes acumular para ser independiente financieramente de por vida.

Luego determina tu capital neto. Calcula en un papel exactamente cuánto tienes ahora. Imagina que vendieras todo lo que tienes para irte a otro país. Sé honesto. ¿Cuánto tendrías en total si liquidaras todos tus activos hoy? Éste es el tipo de análisis que exige un banco cuando solicitas un préstamo. Un prestamista quiere saber cuánto tienes, cuánto debes y cuánto efectivo líquido tienes disponible.

Ahora tienes un punto de inicio financiero, tu capital neto actual y un destino financiero, el número que quieres alcanzar en los años que vienen. Estás listo para actuar.

Pensamiento de regreso del futuro

Al determinar tu destino final en cualquier área de tu vida, practica *la perspectiva a largo plazo*. Ésta técnica utilizada por las personas más exitosas en cada área, requiere que te proyectes hacia el futuro por varios años y determines dónde quieres estar al final de ese periodo.

Luego practica el pensamiento de *regreso del futuro*. Desde el punto de vista del futuro, en tu imaginación, miras hacia atrás, hacia donde te encuentras en el momento actual. Luego piensas en los pasos que puedes tomar comenzando hoy, para ir de donde estás hasta donde quieres estar en el futuro.

Este perspectiva a largo plazo te permite verte a ti mismo y tu vida con mayor claridad. Revela lo que necesitas hacer y lo que debes dejar de hacer, si realmente quieres alcanzar tu destino.

Cuando tengas completa claridad sobre lo que deseas, encontrarás que es más fácil tomar decisiones con respecto a tus acciones, día tras día y hora tras hora. El secreto es sencillamente asegurarte de que todo lo que haces hoy, cada decisión que tomes, te está llevando hacia adelante en dirección al destino que has elegido.

Cuatro técnicas poderosas

Al determinar tu destino, puedes utilizar cuatro técnicas especiales para acelerar tu progreso y aumentar la posibilidad de poder alcanzar tus metas a tiempo. Estas son: verbalizar, visualizar, emocionalizar y racionalizar. Veámoslas en orden:

1. Verbalizar: Con la verbalización escribes una meta clara, específica y cuantificable. No puedes darle a un blanco que no puedes ver. No puedes alcanzar una meta que no puedes expresar claramente con palabras. Entre más tiempo tomes para ser preciso y exacto en tu descripción de lo que quieres alcanzar, más fácil será para ti asegurar que cada paso que des va en la dirección correcta.

2. Visualizar: Todas las mejoras en tu vida externa comienzan con una mejora en las imágenes mentales de ti mismo y de tu futuro deseado. Visualizas al crear una clara y detallada imagen mental de tu meta o destino perfecto.

   Tu habilidad de visualizar es uno de los poderes más increíbles que posees. Cada vez que reproduces de nuevo la imagen de tu meta perfecta como si ya la hubieras alcanzado, imprimes ese mensaje más y más profundo en tu mente inconsciente. Entre más clara veas la meta en tu mente, más rápido aparecerá en tu realidad.

3. Emocionalizar: Cuando emocionalizas la meta que has verbalizado y visualizado, puedes crear en tu interior los sentimientos que habrías experimentado si ya hubieras alcanzado la meta. Entre más intenso sea tu deseo de alcanzar la meta, le pondrás más fuerza y energía, y te moverás más rápido hacia esa dirección.

   Cuando imaginas los sentimientos de gozo, alegría, orgullo y placer que vienen al alcanzar tu meta, multiplicarás tus poderes mentales para lograr objetivos.

4. Racionalizar: Puedes racionalizar tu meta al escribir todas las razones por las cuales quieres alcanzarla y todos los beneficios que disfrutarás al lograrlo. Haz una lista de los aspectos en los que mejorará tu vida al alcanzar esta meta. Como escribió Nietzsche: "el que tiene un por qué lo suficientemente poderoso puede sobrellevar cualquier cómo".

   Las razones son el combustible en el horno de los logros. Entre más razones tengas para alcanzar la meta, más motivado y decidido estarás, más persistirás frente a cualquier adversidad. Más creativo serás para sobreponerte a las dificultades y remover obstáculos. Entre más razones tengas, habrá una mayor probabilidad de que seas imparable en tu movimiento hacia tu destino.

Hazlo creíble

Un punto importante: asegúrate que tus metas son tanto creíbles como realistas. Como dijo Napoleón Hill: "La mente de un hombre puede lograr cualquier cosa que pueda concebir y creer".

Cuando te decides por un emocionante destino futuro, tu meta debe ser realista. Debe ser algo que puedas concebir con tu mente. Debe ser algo que te haga estirar pero que te sientas confiado en que lo puedes lograr.

Ésta es la razón por la cual debes hacer que tus metas sean creíbles: Si te pones una meta que está mucho más allá de lo que alguna vez has alcanzado, en realidad te desmotiva en lugar de motivarte. Cuando estableces tus metas demasiado altas un mecanismo de interrupción de carga en tu mente subconsciente desconecta tu motivación.

Si en tu subconsciente no puedes creer completamente que puedes alcanzar una meta, ninguno de tus poderes mentales entrará en acción para que lo logres. Por el contrario, puede que estés motivado y emocionado por un tiempo, pero tan pronto como te enfrentes a la inevitable adversidad y decepción que vienen con el alcanzar metas, perderás el valor y te darás por vencido.

Camina antes de correr

Muy a menudo, la gente se me acerca después de un seminario y me dice que han tomado una decisión con respecto a su meta financiera. Cuando les pregunto qué es, ellos me dicen que han decidido convertirse en millonarios o billonarios dentro del próximo año o dos años.

En casi todos los casos, estas personas resultan no tener dinero o tienen muy poco. A menudo están en sus treinta o cuarenta años de edad y tienen toda una vida de mala administración financiera detrás de ellos. Sin embargo, piensan que pueden neutralizar todas sus experiencias pasadas y de alguna forma dar un salto hacia la riqueza y opulencia con muy poca preparación, pocos recursos, y sin una idea clara de cómo llegar allá. Ellos creen que todo lo que necesitan hacer es tener pensamientos felices y mágicamente atraerán todo lo que necesita para superar décadas de frustración y fracaso.

Cuando la gente me dice que quieren ser millonarios tan pronto como sea posible, yo les sugiero que primero se conviertan en *milarios*. Después de que hayan logrado ahorrar mil dólares y salir de deudas, pueden convertirse en *diez milarios* y así sucesivamente. Para alcanzar grandes cosas, se requiere gran esfuerzo. Cada persona debe caminar antes de que pueda correr.

La pregunta de mérito

La gran frontera hoy en día no es el espacio exterior. Más bien es el espacio interior, reconocer y dar rienda suelta a los increíbles poderes de la mente.

Debido a experiencias en la infancia y otros factores, muy dentro de ti tienes una serie de bloqueos sicológicos, *frenos mentales* sobre tu potencial. Uno de los primeros pasos para lograr grandes cosas es identificar y soltar esos frenos mentales para que puedas avanzar en tu vida mucho más rápido que antes.

Una de las barreras inconscientes más perjudiciales es el sentimiento de no merecerlo. Esto ocurre cuando sientes, en lo profundo de tu corazón, que en realidad no mereces ser feliz, saludable, y próspero. La mayoría de las personas, hasta cierto punto, tienen éste sentimiento de no ser merecedores, y para algunas personas se convierte en el mayor obstáculo para su éxito. Éste bloqueo se expresa en el sentimiento de que "no soy lo suficientemente bueno".

Crear valor para otros

El hecho es que mereces todas las cosas buenas en la vida que te puedas imaginar siempre y cuando las puedas lograr al hacer o contribuir con algo de valor para otras personas y para tu mundo. Cuando desarrollas tus talentos y destrezas, trabajas duro, y haces algo bueno que beneficia a otras personas, mereces todo el reconocimiento y recompensas que te ganes. No necesitas en ninguna forma sentirte culpable o no merecedor. Cuando aportas valor a la vida de otros, tienes el derecho de guardar algo de ese valor para ti mismo. Éste simple concepto es la base de los mercados libres y las sociedades libres.

Cuando alcances gran éxito financiero, las personas podrán preguntarte: "¿No te sientes culpable de ganar tanto dinero?" Les puedes contestar con orgullo y confianza, "De ninguna forma. He decidido que la mejor manera de ayudar al pobre es no convertirme en uno de ellos".

La práctica de intercambio voluntario

Esto nos trae a un punto importante. Todo el dinero viene de crear algún tipo de riqueza. La mayoría del dinero que posee una persona es el resultado del intercambio que esa persona ha hecho de su tiempo y esfuerzo en la fabricación de un producto o servicio por una cantidad particular de dinero.

En otras palabras, cada dólar que quieras adquirir en el camino hacia la independencia financiera tiene que venir de alguien que ha trabajado para ganar dinero de la misma forma. Cada dólar que desees recibir te lo debe dar o pagar voluntariamente alguien que haya trabajado duro para ganarse esa cantidad de dinero por sí mismo.

Entonces la pregunta clave en la vida es: ¿qué puedo hacer para merecerme éste dinero de otra persona?

El poder de contribuir

Peter Drucker dijo que la mayoría de nuestros malos entendidos en los negocios y finanzas puede ser eliminados si sencillamente reemplazamos la palabra éxito con la palabra "contribución".

Cuando miras a tu alrededor, encontrarás que las personas más adineradas son quienes han hecho las contribuciones más grandes al mayor número de personas, fabricando productos y servicios que gran número de personas está comprando gustosa y ansiosamente para mejorar la calidad de sus vidas.

La pregunta que debes hacer y contestar es, ¿qué contribución haré para que otras personas la deseen y quieran darme la cantidad de dinero que quiero ganar y adquirir? Ésta puede ser la pregunta más importante de todas en lo que corresponde a tu vida financiera. ¿Qué estás haciendo hoy? ¿Qué puedes hacer en el futuro? ¿Por qué mereces la clase de dinero que quieres adquirir? ¿Qué valor estás dispuesto a dar a otros para que voluntariamente te den su dinero, el dinero que han ganado por sus esfuerzos personales?

Sobre todo, ¿en qué tipo de persona quieres convertirte interiormente, en términos de conocimiento, destrezas y carácter para merecer la clase de vida que quieres vivir exteriormente?

Cuando dejas de pensar en ti mismo y lo que puedes obtener, y comienzas a proyectarte en las mentes y corazones de las personas que quieres servir, verás toda clase de posibilidades y oportunidades para servir a otros. Cuando comienzas a enfocarte en dar, realmente entrarás al camino de las riquezas.

CAPÍTULO DOS

Revisa tus opciones de vuelo

Nuestra mayor ocupación no es ver
lo que yace tenuemente a la distancia,
sino hacer lo que yace claramente a la mano.
THOMAS CARLYLE

Cuando ya tengas claridad sobre quién eres, qué quieres y cuáles son tus verdaderas metas en cada área de tu vida, puedes comenzar a evaluar todas las diferentes rutas por medio de las cuales puedes alcanzar tu destino. Ahora te es posible determinar las estrategias y tácticas que utilizarás para alcanzar tus metas y llegar a tiempo a tu destino.

Desarrolla opciones continuamente

Una de las normas más importantes que he aprendido es ésta: eres tan libre como tus opciones mejor desarrolladas.

Por ejemplo, si sólo tienes una forma para completar una tarea y ese método no funciona, tendrás que parar en seco. Si sólo tienes una opción o alternativa para alcanzar una meta o llegar a un destino y fracasa por cualquier motivo, te puedes encontrar atascado.

Las personas exitosas desarrollan continuamente opciones en caso de que algo no funcione en la forma como lo planearon. Desarrollan estrategias alternativas para asegurarse contra percances o contratiempos inesperados. Como consecuencia, cuando las cosas salen mal, como puede ocurrir , las personas exitosas conservan la calma y la tranquilidad. Ya ha pensado en las peores situaciones posibles y ya tienen un plan para enfrentarlas.

Aumenta tus opciones

Si tu meta es alcanzar un excelente nivel de condición física, haz una lista de siete acciones que puedes tomar hoy para comenzar a estar en forma, delgado y saludable. ¿Qué deberías comenzar a hacer o dejar de hacer? ¿Cómo deberías planear cada día, desde el momento que te despiertas en la mañana, si quieres alcanzar excelentes niveles de salud y condición física?

Si tu meta es tener una familia feliz o encontrar una maravillosa relación, haz una lista de todo lo que puedes hacer para que tus deseos se hagan realidad. Pregúntale a las personas importantes en tu vida qué podrías hacer o dejar de hacer, para mejorar tus relaciones con ellos.

Buenas elecciones y mejores decisiones

Todo en la vida es una serie de elecciones y decisiones. La calidad de tu vida hoy en día ha sido en gran parte determinada por las elecciones y decisiones que has hecho en el pasado. La calidad de tu vida en el futuro será determinada por las elecciones y decisiones que tomes hoy, especialmente en aquellas áreas que son críticas para alcanzar tus metas y llegar a tu destino.

La elección de un trabajo en particular o de una compañía en particular donde trabajar, o si comenzar un negocio, puede cambiar completamente la dirección de tu vida y tu destino. Por consiguiente debes tomar el tiempo suficiente para considerar muy bien y estar completamente tranquilo con tu elección antes de tomar una decisión final.

Uno de los conceptos que enseñamos en nuestros programas avanzados de orientación es la idea de "tarifa por hora". Les pedimos a todos nuestros clientes que dividan sus ingresos anuales en 2.000, el número aproximado de horas que un ejecutivo o empresario trabaja al año. El resultado es su tarifa por hora.

Por ejemplo, si ganas $50.000 anuales y divides esa cantidad en 2.000 el resultado es $25 por hora. Si ganas $100.000 anuales tu salario por hora es de $50.

Antes de que puedas planear tu tiempo o tu vida debes tener completamente claro el salario por hora que estás ganando ahora y el que quieres obtener en el futuro. Cada hora que pasas en una actividad de poco valor o sin valor te está costando $25, $50 o más. Cada cosa que elijas hacer en el curso de tu día laboral te está generando o costando dinero de acuerdo con el salario por hora que deseas.

Determina el máximo y mejor uso de tu tiempo

Sea cual sea el trabajo que elijas tomar, la compañía en la que elijas trabajar, la inversión que elijas hacer con tu dinero, o el tiempo que escojas pasar en una actividad en particular, piénsalo muy bien con anterioridad y asegúrate de que estás haciendo el máximo y mejor uso de tu tiempo y recursos.

Si no estás contento con tu *silla elegida* actual, sé proactivo en lugar de pasivo. Si no estás feliz con tu trabajo actual, haz algo y encuentra algo mejor. Si no estás contento con tu relación actual, mejórala si puedes, y prepárate para alejarte si no puedes hacerlo.

Rehúsate a conformarte

Abraham Maslow escribió en una ocasión, "la historia de la raza humana es la historia de hombres y mujeres que no se dan el valor que merecen".

Debido al temor y la timidez, muchas personas se conforman con mucho menos de lo que pueden alcanzar. Se quedan en trabajos que no les gustan. Permanecen en relaciones que no los hacen felices. Se empeñan en hábitos perjudiciales para su salud. Invierten su dinero en cosas que no entienden y dejan su dinero ahí mucho después de darse cuenta de que cometieron un error.

Si no estás satisfecho con nada en tu vida, con tu actual silla elegida, recuerda que siempre puedes pagar el precio de ser libre. Y siempre sabrás cuál es el precio.

Pide lo que quieres

En tu vida personal y la de negocios, recuerda que cada término o condición que te ofrezcan ha sido decidida por alguien y puede ser cambiada por alguien más. Ya sea que esto tenga que ver con el pago y condiciones de trabajo, los términos de un contrato, el costo de productos o servicios, tarifas de alquiler de oficinas o equipo, o términos bancarios para préstamos o líneas de crédito, si no estás contento por alguna razón, no dudes en pedir algo diferente.

Recuerda antes de preguntar que la respuesta siempre es no. Si después de que preguntes la respuesta sigue siendo no, entonces sencillamente habrás perdido unos segundos de tu vida. Pero si la respuesta es sí, puede cambiar todo tu futuro.

Ya conoces el antiguo dicho: "el que nada arriesga, nada gana".. Nunca temas preguntar.

Lanza una red amplia

La regla es ésta: La calidad es una función de la cantidad. Esto significa que entre más formas de alcanzar tu meta consideres antes de embarcarte en tu viaje, mejor será la calidad de la decisión que tomes.

Lanza una red amplia. No te enamores de la primera idea que se te ocurra. Debes recordar continuamente que las emociones distorsionan las evaluaciones. Esto significa que entre más emocional seas en cuanto a una estrategia al comienzo, menos podrás tomar las mejores decisiones y determinar la mejor forma de alcanzar tu destino.

Conviértete en tu propio consultor

Imagina que eres un consultor que ha sido invitado para aconsejarte sobre la mejor estrategia para alcanzar tu meta o llegar a tu destino. Como tu propio consultor, oblígate a mantener la calma, la tranquilidad y la objetividad sobre el consejo que te das a ti mismo.

Hay un tiempo definido para la emoción, pasión, entusiasmo, y compromiso en una decisión. Pero será sólo cuando hayas decidido el mejor camino para ti. Hasta ese momento, debes mantenerte desprendido y lo más objetivo posible para asegurar que tomes la mejor decisión.

No te enamores de tus ideas, especialmente las iniciales. Mantente siempre abierto a la posibilidad de que hay una mejor forma de alcanzar esa misma meta.

El fundamento de las riquezas

Si tu meta es el éxito financiero, sólo hay una forma del lograrlo permanentemente y es "añadiendo valor". Toda riqueza a largo plazo, predecible y duradera viene de añadir valor de alguna forma. Viene de servir a otras personas dándole productos y servicios que quieren y necesitan y están dispuestos a pagar por ellos, en competencia con otros que también quieren venderles a esas personas productos o servicios similares. Éste es un principio económico básico y es inviolable a largo plazo.

Lo que siembres en tu profesión, familia, salud y vida financiera es lo que cosecharás en tu experiencia. Lo que estés cosechando hoy es el resultado directo de lo que sembraste en el pasado. Si no estás contento con tu "cultivo" actual comienza a sembrar algo diferente. Comienza hoy a añadir valor a otros en una forma superior.

Observa también que ésta no es la "Ley de la Cosecha y la Siembra". La siembra siempre viene antes y a menudo continúa por un tiempo largo antes de se pueda recoger la cosecha.

Según Thomas Stanley y William Danko en su libro *The Millionaire Next Door (El Millonario de al lado)*, el millonario, que lo ha logrado por sus propios medios, promedio en los Estados Unidos ha invertido veintidós años de trabajo duro, sacrificios, adversidades, dificultades y fracasos temporales para alcanzar esa cantidad de riqueza. Las personas que creen que van a vencer la mediocridad y dar un salto justo al frente de la fila financiera generalmente no están preparadas para hacer el trabajo duro necesario, y como resultado terminan al final de la fila toda su vida. No permitas que esto te suceda.

Comienza con una lista

Si tu meta es financiera, haz una lista de todas las maneras posibles de alcanzar los mismos resultados financieros. Entre más opciones tengas, mejor será la decisión que tomes. Éstos son ocho ejemplos de posibilidades:

1. Alcanzar tu meta al comenzar un nuevo negocio.
2. Comprar un negocio ya existente y hacerlo más rentable.
3. Hacerte excelente en lo que hagas, llegar a recibir un muy buen pago por hacerlo, e invertir cuidadosamente y ahorrar dinero durante el curso de tu profesión.
4. Invertir en bienes raíces de algún tipo, ya sea para renovar y vender o para alquilar y administrar.
5. Contribuir con tus talentos y destrezas especiales para comenzar un negocio a cambio de poder comprar de acciones si la compañía tiene éxito.
6. Comprar una franquicia y hacerla exitosa.
7. Convertir tu pasatiempo o área de interés en una oportunidad para hacer dinero.
8. Dedicarte a trabajar para una compañía exitosa, ser completamente excelente en tu trabajo y llegar a ser una de las personas mejor pagas en tu campo. Con estas altas entradas, invertidas en la forma correcta, puedes llegar a ser rico.

Cada uno de estos métodos ha sido probado y verificado por millones de personas que han comenzado con nada y se hicieron millonarios. Y todos exigen que llegues a ser muy bueno sirviendo a otros de alguna manera.

La esperanza no es una estrategia

Recuerda que la esperanza no es una estrategia. Investiga antes de invertir tu tiempo, dinero o emociones en un trabajo, negocio o relación. Examina cada detalle de la ruta propuesta para llegar a tu destino.

Busca consejo de otros que han viajado por esa ruta. Aprende de los expertos. Pregúntales a las personas que han alcanzado el mismo destino cómo lo hicieron y lo que aprendieron. Pregúntales qué harían diferente si tuvieran que hacer el viaje de nuevo.

Al revisar tus opciones, siempre debes estar abierto a la posibilidad de que podrías estar completamente equivocado. Debes estar dispuesto a admitirlo y tomar una ruta diferente de ser necesario.

Se ha dicho que la distancia más corta entre dos puntos es una línea recta. Esto puede o no ser cierto en lo que tiene que ver con moverte del sitio donde estás hacia tus metas. Algunas veces un método de carrusel es en realidad una forma más rápida de llegar allá.

Muchas personas hoy en día están dándose cuenta de que el alcanzar sus metas financieras requiere que actualicen su educación y destrezas. Se están inscribiendo en universidades, buscando títulos universitarios por Internet, asistiendo a cursos y seminarios, y leyendo vorazmente sobre sus campos. Están cultivando y fertilizando la tierra para poder finalmente recoger una cosecha más grande.

Tu habilidad para pensar

El recurso más valioso que tienes para alcanzar tus metas y llegar a tu destino en la vida es tu mente. El valor está contenido en tu habilidad de pensar claramente sobre quién eres y lo que quieres. El 80 por ciento o más de tus éxitos vendrá como resultado de haber tomado el tiempo para pensar clara y exactamente, por anticipado, sobre lo que quieres lograr en la vida y cómo se verá el éxito.

Tu habilidad para crear metas claras, específicas, cuantificables que desees intensamente y que están en armonía con tus mejores talentos y habilidades es el primer paso real para alcanzar tu destino y al éxito de toda una vida.

CAPÍTULO TRES

Escribe tu *Plan de Vuelo*

Nuestras metas pueden ser alcanzadas sólo
por medio de un plan,
en el cual debemos creer fervientemente,
y sobre el cual debemos actuar de manera vigorosa.
No hay otra ruta al éxito.
STEPHEN A. BRENNEN

Muchas personas piensan que tener una meta clara y ser positivo y optimista en cuanto a cumplirla es todo lo que necesitan para ser felices y exitosos. Sin embargo, el escoger tu destino, aunque sea vitalmente importante, es sólo el punto de comienzo. Ahora comienza el trabajo. Ahora es cuando te demuestras a ti mismo y a otros que estás serio en cuanto a tu meta.

El hecho es que sólo el tres por ciento de las personas tienen metas claras y escritas con planes para alcanzarlas. Sólo el tres por ciento de los adultos trabajan en sus metas más importantes todos los días. Sólo las personas más exitosas piensan en sus metas la mayoría del tiempo.

En lugar de metas, la gran mayoría tiene deseos. Tienen esperanzas, sueños y fantasías. Tienen lo que yo llamo metas de *humo de cigarrillo*. Se disipan rápidamente en la imaginación, sin dar claridad de enfoque y dirección.

La casa de tus sueños, el negocio de tus sueños, la relación de tus sueños, o el trabajo de tus sueños seguirán siendo sólo eso, un sueño, hasta que le pongas algo de carne a esos huesos. Sólo cuando planeas a conciencia y preparas cada detalle de tu viaje, puedes estar seguro de alcanzar tu destino a tiempo.

Necesitas tanto una medida como un método

Define tus metas tanto cualitativamente como cuantitativamente. Cuando defines tus metas cualitativamente, determinas cómo pensarás y te sentirás como resultado de haber alcanzado esa meta. Te imaginas el sentimiento de orgullo, satisfacción, gozo, felicidad, amor, paz y placer que tendrías si alcanzas la meta perfecta para ti, según la hayas definido. Creas esos sentimientos dentro de ti al imaginar que ya has alcanzado la meta.

Defines una meta cuantitativamente al ponerle números específicos. Esto te da un blanco al cuál apuntar y te permite rastrear tu progreso. Si no lo puedes medir, no lo puedes manejar.

Por ejemplo, todas las personas dicen que quieren ser financieramente independientes. Pero cuando les preguntas lo que eso significa, generalmente lo mejor que pueden decir es "quiero ser millonario".

Pero esa meta es muy ambigua. Independencia financiera significa que tienes suficiente dinero como para no volver a preocuparte por éste. Entonces la pregunta es: ¿cuál es tu número? ¿Cuánto necesitarías en realidad?

Fijación de metas, simplificado

Antes de que verdaderamente despegues rumbo a tu destino, puedes tomar una serie de pasos para aumentar dramáticamente la probabilidad de que tu viaje sea un éxito.

1. Decide exactamente lo que quieres en cada área de tu vida. Sé específico. Define tu meta de una forma tan clara que un niño pudiera entenderla y explicársela claramente a otro niño.

   Por ejemplo, en lugar de decir: "quiero hacer mucho dinero," debes ser claro respecto a exactamente cuánto es "mucho". No puedes llegar a estar motivado y determinado a cumplir algo que no es claro o que es difuso.

2. Escribe tu meta y hazla cuantificable. Una meta que no está escrita es simplemente un deseo, es una meta que no posee energía. Cuando la haces cuantificable, creas un blanco claro al cuál apuntar.

3. Establece una fecha límite. Sé completamente claro con respecto a cuándo quieres llegar a tu meta. A tu mente subconsciente le encantan las fechas límites. Ellas activan tus poderes mentales y te mueven hacia adelante.

4. Identifica todos los obstáculos que tendrás que superar para alcanzar tu meta. ¿Qué podría salir mal? ¿Qué se interpone entre ti y tu meta? ¿Por qué no has alcanzado tu meta? ¿Qué te está limitando?

   Mientras más claramente identifiques todos los diferentes problemas y dificultades que puedas experimentar, más preparado estarás para resolverlos o removerlos en caso de que se presenten.

5. Determina el conocimiento y destrezas adicionales que requerirás para alcanzar tu meta. Recuerda, para lograr algo que nunca antes has logrado, tendrás que

aprender y practicar algo que nunca antes has hecho. Lo que te trajo hasta dónde estás hoy no es suficiente para llevarte más allá. Cada nueva meta requiere la adquisición y aplicación de una nueva pieza de conocimiento y una nueva destreza. ¿Qué es eso para ti? La claridad es esencial.

6. Determina cuáles son las personas cuya ayuda y cooperación necesitas para alcanzar tu meta. Para cumplir metas grandes, necesitarás la ayuda de muchas personas. Mientras más claridad tengas sobre quiénes son esas personas, mayor posibilidad habrá de que des los pasos necesarios para ganar su cooperación y apoyo.

7. Haz una lista de todas tus respuestas a las preguntas anteriores y organízalas en orden de prioridad. ¿Qué debes hacer primero? ¿Qué es lo más importante? Una lista organizada de actividades según secuencia y prioridad es un plan, una serie paso a paso de tareas que inevitablemente te llevarán a tu meta, tu destino.

Al seguir estos siete pasos, puedes alcanzar casi cualquier meta que te propongas. A continuación hay una fórmula simple que puedes utilizar para determinar tu meta número uno.

La fórmula del éxito garantizado

Con ésta fórmula puedes transformar tu vida y alcanzar tu meta más importante a tiempo. Consiste en cuatro pasos sencillos. Personas en todo el mundo me han contado que estos cuatro pasos les han permitido lograr cosas más rápido de lo que ellos soñaban posible.

Paso Uno: Usa el método de las Diez Metas

Toma una hoja de papel en blanco y escribe la palabra "Metas" y la fecha de hoy en la parte superior. Escribe diez metas que te gustaría alcanzar algún día en el futuro. Usa la técnica de la varita mágica: es imaginarte que no tienes ningún tipo de límites. Escribe diez cosas que te gustaría ser, tener o hacer en el futuro como si fuera seguro que pasaran.

Estas son algunas pautas:

1. Escribe en tiempo presente, como si ya hubieras alcanzado tu meta. En lugar de escribir, "voy a ganar $XXX cada año," escribe, "gano $XXX cada año". Tu mente subconsciente sólo puede registrar comandos que están redactados en tiempo presente.

2. Escribe en forma positiva. En lugar de escribir, "no soy un fumador" (negativo), escribirías, "dejo de fumar" (positivo).

3. Escríbelo en primera persona. Para éste ejercicio y por el resto de tu vida comienza cualquier meta con la palabra "yo". Tú eres la única persona en el universo que puede usar la palabra "yo" en referencia a ti mismo. Cuando comienzas una frase positiva con la palabra "yo" es inmediatamente aceptada por tu mente subconsciente y tu mente superconsciente como un comando importante que viene de la oficina principal.

Cada una de tus diez metas debería comenzar con la palabra "yo", estar en tiempo presente, de forma positiva y en primera persona y terminar con las palabras de la fecha límite: "antes de________________."

Paso Dos: Selecciona tu meta más importante

Una vez hayas escrito tus metas, imagina que las alcanzaras todas, tarde o temprano, si las deseas por el tiempo suficiente y con la fuerza suficiente. Pero también imagina que podrías escoger cualquiera de éstas metas y hacer que sea real dentro de veinticuatro horas.

Ahora hazte ésta pregunta, ¿cuál es la meta en esta lista, si la alcanzara en este momento tendría el mayor impacto en mi vida? Encierra en un círculo la meta que responde a tu pregunta. Ese será tu mayor propósito definido y tu destino más importante en el siguiente tramo de tu viaje por la vida.

Paso Tres: Haz un plan

Escribe esa meta al comienzo de una hoja en blanco. Asegúrate de escribirla en tiempo presente, de forma positiva y en primera persona, describiéndola exactamente como si ya la hubieras logrado, y establece una fecha para completarla.

Haz una lista de las dificultades que tendrás que superar, la información y destrezas adicionales que necesitarás y las personas cuya colaboración necesitarás para lograr esta meta. Organiza esta información para crear un plan, y luego procede inmediatamente para comenzar a moverte hacia tu destino.

Paso Cuatro: Practica la Lluvia de Ideas sobre tu meta

La lluvia de ideas te obliga a concentrar de manera intensiva en cómo alcanzar tu meta. Toma una nueva hoja de papel y escribe tu mayor propósito definido al comienzo de la hoja en forma de pregunta. Por ejemplo, si tu meta es financiera, podrías escribir, "¿Cómo puedo ganar $XX.XXX antes del 31 de diciembre de 2_____?"

Luego disciplínate a escribir veinte respuestas a ésta pregunta. Puedes escribir más de veinte, pero debes escribir como mínimo veinte respuestas a tu pregunta.

Tus primeras tres a cinco respuestas serán moderadamente simples. Escribirás que podrías hacer más o menos de aquello. Las siguientes cinco respuestas serán más difíciles y requerirán mayor creatividad. Las últimas diez respuestas requerirán una concentración increíble y disciplina. Tendrás que explorar más profundamente los recursos de tu mente creativa para alcanzar tu meta de veinte respuestas.

Procede

Una vez hayas generado veinte respuestas, selecciona una de ellas y procede inmediatamente. Esto es muy importante. Cuando procedas con una de estas ideas, podrás desbloquear tus reservas innatas de creatividad. Todo el día tendrás nuevas ideas para resolver tus problemas y alcanzar tus metas. Comenzarás a funcionar a niveles excepcionales.

Si no haces algo inmediatamente con por lo menos una de esas ideas, el flujo de creatividad perderá el ritmo y se detendrá. Tendrás muy poco beneficio. No pasará nada.

Hay una relación directa entre qué tan rápido procedes con tu nueva idea y qué tan posible es de que algún día procedas con cualquier idea nueva en el futuro.

Cuando desarrollas el hábito de intensa orientación a la acción, pondrás el pie sobre el acelerador de tu propio potencial. Comenzarás a moverte rápidamente hacia alcanzar tu meta más importante.

Lleva a cabo éste ejercicio de forma regular en tu vida. Cada vez que estés pasando por un tiempo de transición o necesites planear un nuevo destino, haz una lista de diez metas, selecciona la más importante, y disciplínate para generar veinte formas para alcanzarla. Luego selecciona una idea y procede inmediatamente.

De regreso del futuro nuevamente

Proyéctate hacia el futuro en tu mente hasta la fecha límite para alcanzar tu meta. Imagina que todo ha funcionado perfectamente y que has alcanzado tu destino exactamente como lo habías planeado y en el tiempo que habías establecido.

Mirando hacia atrás desde la perspectiva del éxito, en el futuro, hasta dónde estás en hoy, completa ésta frase con por lo menos veinte respuestas: "Yo alcancé ésta meta porque yo..." Escribe todo lo que se te ocurra que pudiste haber hecho para asegurar tu éxito.

A continuación, toma otra hoja de papel y completa la frase "yo fracasé en alcanzar la meta porque no..." Haz una lista de todo lo que hubieras podido hacer pero no hiciste y por consiguiente fracasaste en llegar a tu destino.

Esta combinación de ejercicios te obliga a pensar con mayor claridad que la mayoría de las personas. Al completar éstas frases con diez o veinte respuestas, verás de forma inmediata cosas que deberías y no deberías hacer para asegurar tu éxito.

Crea una afirmación positiva para tu meta número uno: "Mi mayor propósito definido es ganar $XX.XXX antes del 31 de diciembre de 2_____". Así creas una imagen mental de cómo será de diferente tu vida cuando alcances tu meta. Imaginas cómo te sentirás cuando alcances tu meta. Piensa en todas las razones por las cuales quieres ésta meta en primer lugar.

Finalmente, resuelves hacer algo cada día sin ninguna excepción hasta que alcances tu meta. Comienzas a hacer algo y continúas haciéndolo. Recuérdate a ti mismo que, en lo que respecta a tu meta más importante, el fracaso ¡no es una opción!

EJERCICIO

Escribe Tu Plan de Vuelo

Haz una lista de diez metas que te gustaría alcanzar en el próximo año:

1. ______________________________

2. ______________________________

3. ______________________________

4. ______________________________

5. ______________________________

6. ______________________________

7. ______________________________

8. ______________________________

9. ______________________________

10. ______________________________

¿Cuál es la meta en esta lista, que tendría el mayor impacto en tu vida si la alcanzaras dentro de veinticuatro horas?

____

____

____

¿Cuál es tu fecha límite para alcanzar ésta meta?

____

____

Haz una lista de tres problemas u obstáculos que se interpondrían para que alcanzaras ésta meta:

1. ____

   ____

2. ____

   ____

3. ____

   ____

Lista cuatro destrezas o formas de conocimiento que requerirás para alcanzar esta meta.

1. ____

2. ____

3. ____

4. ____

Haz una lista de las cuatro personas, grupos u organizaciones más importantes, cuya ayuda y cooperación necesitas para alcanzar esta meta.

1. ____

2. ____

3. ____

4. ____

Basado en tus respuestas a las preguntas anteriores, haz una lista de siete pasos que podrías tomar inmediatamente para comenzar a alcanzar esta meta:

1. ______________________________

____

2. ______________________________

____

3. ______________________________

____

4. ______________________________

____

5. ______________________________

____

6. ______________________________

____

7. ______________________________

____

¿Cuál de estas acciones vas a tomar inmediatamente para comenzar a moverte hacia tu destino?

____

____

Sea cual sea tu respuesta a la pregunta anterior, comienza inmediatamente. No esperes. Muévete rápido. Comienza tu viaje y no mires atrás.

CAPÍTULO CUATRO

Prepárate para tu viaje

¿Vas en serio? ¡Aprovecha éste mismo minuto! La intrepidez tiene poder y magia en sí misma. Sólo ocúpate y la mente se hace más vehemente. Comiénzalo, y el trabajo se completará.

JOHANN WOLFGANG VON GOETHE

La preparación es la marca de un profesional, también es la marca de una persona de éxito en cualquier campo. A medida que asciendes en cualquier ocupación encontrarás que las personas más exitosas pasan más tiempo preparándose que la persona promedio. El 10 por ciento sobresaliente de cualquier campo siempre está más ampliamente preparado en cada detalle que quienes luchan por ganarse la vida en la misma ocupación.

Cuando empacan para un viaje, los viajeros profesionales toman varios pasos una y otra vez hasta que se convierten en hábitos. Primero hacen una lista de todo lo que necesitarán para el viaje que viene. No se confían en su memoria. Escriben todo.

Segundo extienden todo lo que van a llevar consigo, previamente, antes de empacar. Tercero, empacan completamente para poder salir para el aeropuerto mucho antes del tiempo programado. Los viajeros profesionales saben que si empacas con pánico porque no has dispuesto de suficiente tiempo, olvidarás cosas lo cual puede llevar a inconvenientes innecesarios más tarde durante tu viaje.

Una de las técnicas que puedes utilizar para viajar bien y aumentar la posibilidad de llegar a tu destino es practicar el pensamiento de "el peor resultado posible". Para hacer esto pregúntate, ¿qué es lo peor que podría pasar en este viaje?

Protégete de lo peor

Para mí como conferencista profesional y líder de seminario, lo peor que me puede pasar es que se pierda mi equipaje y que llegue sin la ropa y materiales del seminario, necesarios para mi conferencia. Para protegerme de esa situación, yo llevo todas las cosas esenciales conmigo, nunca fuera de mi vista. Gracias a éste hábito de planear anticipadamente, nunca he tenido un problema insuperable debido a un retardo o pérdida de equipaje.

Aún si estoy en un viaje largo de varios días de viajes y conferencias y necesito una maleta más grande, siempre llevo una maleta más pequeña conmigo que contiene todo lo esencial. La maleta grande puede ser chequeada, pero si se extravía en tránsito, la pérdida no es más que un inconveniente, no un desastre.

En el camino a tu destino, en el logro de tu meta más importante, pregúntate continuamente, ¿cuáles son las peores cosas que podrían pasar? Y luego protégete contra ellas.

Planea para cualquier eventualidad

La marca de un pensador superior es que él o ella asume que lo peor sucederá y se prepara para eso. Una vez le preguntaron a Napoleón Bonaparte si creía en la suerte. Él respondió, "sí, lo creo. Creo en la mala suerte. Creo que siempre la tendré y planeo de acuerdo con eso".

Por ejemplo es común que los vuelos se retrasen o se cancelen por problemas climáticos o técnicos. Esto ha me sucedido numerosas veces. Para protegerme en contra de eso, siempre le pido a mi agente de viajes una lista de vuelos que salen antes y después del mío. Si hay un problema con el vuelo en el que yo debo salir, rápidamente transfiero a otro vuelo. En esas ocasiones cuando surgen emergencias inesperadas, llamo inmediatamente a mi agente de viajes quien puede revisar todos los vuelos alternativos en su computadora y reorientarme en minutos.

Muévete rápido cuando necesites hacerlo

No hace mucho tiempo, me embarqué en un vuelo de cinco horas hacia el otro lado del país para dirigir un seminario para una compañía de *Fortune 500.* Cuando todos estaban sentados, el piloto anunció que había un problema técnico y la tripulación estaba tratando de arreglarlo. Dijo que nos darían otro informe en más o menos treinta minutos y durante ese tiempo, los pasajeros podrían leer o hacer llamadas.

Como ya había pasado por este tipo de retardos indeterminados anteriormente, llamé a mi agente de viajes desde el avión, encontré otro vuelo que salía veinte minutos más tarde en la misma dirección, me levanté, salí del avión, abordé el otro y llegué a mi destino dentro de treinta minutos en la hora programada.

Más tarde me enteré que los problemas técnicos en el primer avión habían sido más serios de lo que habían anticipado. Los pasajeros tuvieron que esperar en el avión o en el área de abordaje por más de tres horas, y luego el vuelo fue cancelado. Como todos los otros vuelos hacia el Este ya habían salido ese día, los pasajeros no tuvieron otra opción que volver a sus hogares y regresar al día siguiente, si podían encontrar un asiento en otro vuelo, para llegar a su destino.

Pequeños contratiempos pueden descarrilar tus planes

Puede que necesites algo tan simple como un taxi para llegar al aeropuerto. Pero mientras más esperes para solicitar el taxi mayor posibilidad hay de que el taxi llegue tarde o no haya uno disponible. Recuerda la antigua regla: "Una planeación previa correcta previene un pobre rendimiento".

Durante una tormenta de hielo en Dallas hace algunos años, me vi obligado a quedarme a veinticinco millas del aeropuerto en un hotel al cuál llegue después de media noche. Pero tenía que estar de regreso al aeropuerto a las 7:00 a.m. para tomar un vuelo y llegar a Birmingham a tiempo para mi seminario.

El recepcionista en el hotel estaba obviamente cansado y poco interesado. Le dije enfáticamente que necesitaba un taxi a las 5:30 a.m. para ir al aeropuerto. Él me aseguró que llamaría un taxi y que me estaría esperando a las 5:30 la mañana siguiente. Después de cuatro horas de sueño, me levanté, me vestí, y me apresuré a bajar las escaleras para tomar mi taxi hacia el aeropuerto. Pero no estaba allí.

El mismo recepcionista estaba encargado. Cuando le pregunté sobre mi taxi, encogió los hombros y me dijo que se le había olvidado. Yo estaba varado.

Afortunadamente, en ese momento un bus de una aerolínea llegó a recoger a miembros de la tripulación en los vuelos de la mañana. Persuadí al conductor y lo soborné para que me dejara subir y me llevara hasta mi terminal, llegué justo a tiempo para tomar mi vuelo y llegar a Birmingham según lo programado.

Rehúsate a ser pasivo

Ésta experiencia me enseñó dos cosas. Primero, prepárate para lo peor. No importa lo que todos te digan, prepárate para la posibilidad de que no lo hagan.

Segundo, sé proactivo, no pasivo. En lugar de enojarse o deprimirse hay que moverse y continuar. Encontrar una alternativa. Rehusarse a aceptar la situación actual si no es satisfactoria. En lugar de esperar a que las cosas pasen, hacer que las cosas pasen.

Prepara una Lista de Control

Los pilotos revisan muy cuidadosamente una lista de control antes de cada vuelo. Aún si han volado miles de horas y han sido pilotos activos por veinte años, siguen revisando la lista de control todas las veces.

Deberías preparar una lista de control también. No importa cuántas veces tengas que hacer el mismo viaje deberías revisar tu lista de control una vez más. Nunca te confíes de tu memoria. Fallar al no revisar sólo un detalle crítico puede dejarte atascado y tal vez poner tu destino fuera del alcance.

Hace algunos años hice una serie de seminarios para IBM. Uno de mis clientes dentro de la compañía, un gerente excelente y un hombre muy amable, de repente dejó de devolver mis llamadas. Cuando contacté a otras personas en la empresa, me enteré que había muerto en un accidente aéreo mientras estaba en un viaje de negocios. Lo que había sucedido era realmente trágico.

El avión se había estrellado en un aterrizaje en Dallas y todos a bordo habían muerto. En la investigación que se condujo después se descubrió la causa del accidente. Era el último vuelo del día, y la tripulación esperaba con gusto la noche en Dallas. Según la caja negra, los miembros de la tripulación estaban hablando felizmente cuando se acercaban a la pista para aterrizar. El ingeniero de vuelo, un hombre con dos décadas de experiencia, no revisó su lista de control mientras hablaba con los pilotos en la cabina. Como resultado, olvidó bajar los alerones mientras el avión aterrizaba. Este error hizo que el avión se estrellara, se incendiara y causara la muerte de todos a bordo.

A medida que procedes hacia tu destino personal, y luchas para alcanzar tus metas, las consecuencias de no seguir una lista de control no serán tan severas. Pero no es inusual que un negocio se quiebre o que una persona pierda todo su dinero porque alguien no prestó atención a un detalle crítico.

Las claves para la preparación

Has oído decir que "un buen comienzo es la mitad del trabajo". La preparación es la marca de todos los profesionales y personas exitosas en cada área. La forma de prepararse de manera efectiva es seguir tu propia lista de control. Aquí hay algunos pasos sugeridos:

1. ¿Hacia dónde vas? Toma el tiempo para ser absolutamente claro sobre tus metas y sueños. ¿En dónde quieres terminar? ¿Cómo se vería tu situación si todo fuera perfecto? Mientras más claridad tengas en lo concerniente a tu resultado final, más fácil será planear para los pasos intermedios.

2. Haz una lista de todo lo que piensas que tendrás que hacer para alcanzar tu meta y llegar a tu destino. No dejes nada por fuera. Continúa añadiendo cosas a tu lista a medida que pienses en nuevas acciones que puedas tomar.
3. Imagina cualquier cosa posible que pudiera salir mal y pudiera causarte retrasos o fallas en tu camino a tu meta. Piensa con antelación para hacer provisión para lo inesperado. Nunca confíes en la suerte o esperes que todo salga exactamente como lo planeaste.
4. Habla con otros que hayan hecho el mismo viaje. No trates de reinventar la rueda. Con humildad pide el consejo de las personas que ya han pagado el precio para llegar a dónde tú quieres llegar.
5. Lee todo lo que puedas, escrito por otros, acerca de la ruta y destino que quieres tomar en tu vida. Algunas veces una sola idea de una sola persona puede hacer toda la diferencia entre el éxito y el fracaso.

Mientras más importante sea tu meta o tu destino para ti, tu familia y tu futuro, más tiempo deberías pasar en preparación antes de hacer un compromiso irreversible. La expresión "preparar mucho" no existe.

Desarrolla un Plan B

Cuando comiences a dirigirte hacia tu meta o destino, toma el tiempo para identificar los posibles retrasos, distracciones, y desvíos en tu ruta. Siempre desarrolla un Plan B en caso de que tu primer plan no funcione. Nunca asumas que todo va a salir de la forma que esperabas.

En los negocios, debes identificar las personas, clientes, fuentes financieras, mercadeo y métodos de venta esenciales, y otros factores críticos para el comienzo y funcionamiento exitosos de tu negocio. En tu vida personal, también debes pensar en las peores cosas que podrían suceder y que frustrarían y desviarían tus planes. Desarrolla un Plan B por si acaso.

Nunca Olvides las Leyes de Murphy:

1. Si algo puede salir mal, saldrá mal.
2. Lo peor que pueda suceder, sucederá en el peor momento.
3. La peor cosa que pueda costar la mayor cantidad de dinero sucederá en el peor momento.

Y luego está la Ley de Cohen: "Murphy era un optimista".

Planea y prepara con anticipación

Tu habilidad para ser completamente claro en lo que respecta a tu destino o meta perfectos y luego pensar, analizar detenidamente y planear cada detalle antes de comenzar tu viaje puede reducir dramáticamente la incertidumbre involucrada y aumentar la probabilidad de que lograrás exactamente la meta que te propusiste. Recuerda el dicho "un buen comienzo es la mitad del trabajo".

Las personas de éxito conocen la importancia de los detalles, especialmente al comienzo de una nueva empresa o viaje. No han dejado nada al azar. No asumen que todo se hará de forma correcta o que a cualquier otra persona le importa su viaje tanto como a ellos. Como resultado, aumentan dramáticamente la probabilidad de alcanzar sus metas y eso no tiene nada que ver con la suerte.

CAPÍTULO CINCO

Despega a toda velocidad

No puede haber gran valor donde
no hay confianza o seguridad,
y la mitad de la batalla está en la convicción
de que podemos lograr lo que nos hemos propuesto.
ORISON SWETT MARDEN

Has decidido tu destino, has llegado al aeropuerto, abordado el avión y tomado tu silla. Ahora estás listo para el paso más importante de todos: el despegue, el lanzamiento, cuando das tu paso de fe sin poder garantizar el éxito. Este es el momento decisivo en tu vida y la vida de toda persona exitosa.

El avión avanza sobre la plataforma hacia la pista, recibe la autorización para despegar por parte de la torre de control, y comienza a recorrer la pista. Este es un momento crítico, el despegue, que es el verdadero comienzo de tu viaje rumbo a tu destino.

Cuando el avión tiene la autorización, el piloto le da al avión el 100 por ciento de la potencia. El avión inicialmente comienza a moverse lentamente aumentando la velocidad, yendo cada vez más rápido por la pista hasta que se eleva. Ése es el momento que los pilotos llaman "ruedas arriba". Es el comienzo oficial del vuelo.

Esta es una pregunta clave: ¿Qué pasa si el piloto, en lugar de ir a toda potencia, decidiera usar solo el 80 o 90 por ciento de la potencia? Cualquier piloto te daría la respuesta. Si el avión fuera a menos de toda la potencia, nunca alcanzaría la velocidad de despegue. El avión seguiría avanzando hasta terminar la pista sin ni siquiera elevarse.

Eso ilustra una diferencia clave entre el éxito y la mediocridad en la vida. Las personas exitosas despegan con toda la potencia cuando se embarcan en un nuevo vuelo hacia un nuevo destino. Trabajan al máximo en sus metas. Le ponen el corazón a todo lo que hacen, en especial al comienzo de cualquier empresa.

Probablemente nada sea más importante para lograr el éxito que deseas, que estar preparado para trabajar muy, muy duro por mucho tiempo hasta que alcances tu meta.

Por otra parte, la gente promedio, nunca vuela con toda la potencia. Ellos buscan maneras de tomar las cosas con calma, hacer lo menos posible. Como resultado, nunca logran despegar. Nunca están en el aire. Nunca tienen éxito en nada.

Da el primer paso

La diferencia principal entre grandeza y mediocridad en la vida es esta: las personas grandes se trazan una meta grande y emocionante para sí mismas, planean detalladamente sus pasos hacia esa meta, y luego dan el primer paso.

Las personas promedio tienen esperanzas, sueños, deseos y anhelos, igual que las personas exitosas. Pero en el momento de la verdad, las personas promedio se contienen. Algo dentro de ellos les impide dar el primer paso. Sus temores al fracaso y la pérdida los agobian en el momento decisivo y retroceden.

Hace muchos años, leí una cita: "En las playas del desespero yacen los huesos blanqueados de quienes vacilaron en el momento del triunfo y al hacerlo, lo perdieron todo". Nunca la olvidé.

Valor es la clave

El ingrediente principal que necesitas para tener mucho éxito, es valor. Como escribió Wiston Churchill, ·"El valor es acertadamente considerado la virtud más importante, porque de él dependen todas las demás". Margaret Thacher, La dama de hierro de Inglaterra, una vez dijo que en el escollo todo se reduce a coraje.

Robert Greene, autor del libro *Power (Poder)*, dijo, "Sé audaz siempre. La audacia a menudo te meterá en problemas, pero aún más audacia te sacará de ellos".

Ve hasta donde llegue tu vista

Debes tener claridad sobre tu meta, pero ser flexible respecto al proceso para lograrla. Sin importar lo bien que planees y organices con anticipación, las circunstancias imprevistas te forzarán a evaluar tus planes una y otra vez. Pero debes estar listo para dar el primer paso.

Afortunadamente, siempre puedes ver lo suficientemente lejos para dar el primer paso. La naturaleza es bromista en ese sentido, mantiene un velo sobre el camino. Cuando decides una meta o un destino, la naturaleza dará un paso hacia atrás y te mostrará el primer paso. Eso es una prueba. La naturaleza determina si en realidad hablas en serio o no, al mostrarte el primer paso.

Cuando das tu paso de fe, aunque sólo puedas ver un paso adelante, la naturaleza entenderá que vas en serio. Luego dará otro paso hacia atrás y te mostrará el siguiente paso. Y cuando des ese paso, la naturaleza dará otro paso hacia atrás y te mostrará un paso más. Siempre podrás ver un paso más, y cuando lo des verás lo suficiente para ir más allá.

La búsqueda de la excelencia

El equivalente a despegar a toda potencia en tu vida y en tu trabajo es, primero que todo, decidirte trabajar muy duro hasta lograr el éxito que deseas. Y segundo, es tener excelencia en lo que haces. Para completar tu verdadero potencial, debes decidir con anticipación ser el mejor para unirte al 10 por ciento de la gente que sobresale en tu campo. Toda la alegría, los premios, la satisfacción y el reconocimiento son para quienes están en la cima. El resto de personas sencillamente comparten lo que sobra.

Gary Becker, el ganador del Premio Nobel de economía de 1992, recientemente escribió un artículo sobre la "brecha de inequidad" en América. Demostró que "la supuesta brecha de inequidad, en realidad es una brecha de habilidad". Como vivimos en una sociedad de alta tecnología basada en el conocimiento, hay más y más recompensas para quienes permanentemente actualizan sus conocimientos y habilidades. Los ingresos más elevados son para quienes continuamente están aprendiendo nuevas formas para añadir más valor.

Entre más pones más obtienes

Además, los hogares con ingresos más elevados están integrados por personas que están empleados y trabajan más horas que los hogares con bajos ingresos. El empresario promedio, propietario de negocios, o ejecutivo con niveles de ingresos altos, trabaja cincuenta y nueve horas por semana. Basándose en ingresos, los integrantes de los hogares en el 20 por ciento inferior trabajan menos de veinte horas por semana. Recuerda que no puedes cosechar lo que no has sembrado.

En *The Millionaire Next Door (El Millonario de al lado)* los autores Stanley y Danko encontraron en veinticinco años de entrevistas, que más del 85 por ciento de quienes se hicieron millonarios por sí mismos, atribuyeron su éxito al trabajo duro. Repetidamente decían algo como "no tuve una gran educación. No fui más inteligente ni mejor que nadie, pero estaba dispuesto a trabajar más duro que los demás".

Las personas que están dentro del 10 por ciento superior de su campo ganan dos, cinco, diez y hasta veinte veces más que las personas promedio dentro del 80 por ciento inferior del mismo campo. El 10 por ciento superior es donde quieres estar algún día en el futuro, si ya no estás ahí.

Trabaja todo el tiempo que estás en el trabajo

Sigue una regla que garantizará que alcanzarás tus metas y llegarás a tu destino: Trabaja todo el tiempo que estés en el trabajo. Cuando vayas al trabajo, trabaja. No desperdicies tiempo haciendo tonterías o socializando. Trabaja todo el día. Decide comenzar un poco más temprano, esfuérzate un poco más y quédate un poco más tarde. Trabaja todo el tiempo que estés en el trabajo.

Mantente lejos de personas que desperdician el tiempo. La mayoría de la gente que te rodea trabaja a media marcha o menos. Desean hablar de sus familias, de deportes, política u otros temas que no tienen que ver con su trabajo. Aléjate de ellos y mantente lejos de ellos. Diles que te encantaría hablar con ellos después del trabajo, pero ahora, tienes que volver a trabajar.

Haz una lista de tareas para cada día, organizada por prioridades. Comienza con tu tarea más importante primero en la mañana y sigue hasta que este 100 por ciento terminada. Decide construir una reputación como la persona más trabajadora en tu empresa. Trabaja todo el tiempo que estés en el trabajo.

El éxito no es un accidente. El éxito es completamente predecible. Si haces lo que hacen otras personas exitosas, una y otra vez, finalmente obtendrás los mismos resultados. El único que te puede detener eres tú.

CAPÍTULO SEIS

Planea para las turbulencias

Si me pidieran que diera lo que a mi parecer fuera el consejo más útil para toda la humanidad, sería este: Espera los problemas como parte inevitable de la vida, y cuando vengan, mantén tu cabeza en alto, míralos directo a los ojos y di: "yo seré más grande que tú. No me puedes vencer".

ANN LANDERS

En un vuelo, cuando el avión despega, el piloto dice a todos los pasajeros que permanezcan en sus asientos con sus cinturones de seguridad abrochados. En muchos casos, el piloto dirá: "esperamos algo de turbulencia para la primera parte del vuelo, por favor permanezcan con su cinturón abrochado".

Cuando se comienza cualquier nuevo trabajo o empresa, también se experimentarán turbulencias. La primera parte de cualquier trabajo, negocio o nueva empresa, usualmente te lanza en picada a una serie de problemas y dificultades inesperados que nunca pensaste encontrar. Es muy parecido a cuando un avión se encuentra con una corriente de aire descendiente y se va en picada.

Tan pronto te comprometas con tu nueva meta y te lances al agua, todo lo que podía salir mal, saldrá mal. Aprenderás más lecciones en los primeros días después de empezar una nueva empresa que lo que hayas podido aprender o pensar en un año de planeación y organización.

Cuando comiences a dirigirte hacia una nueva meta, cometerás una serie continua de errores, los cuales te costarán tiempo, dinero y emociones. No hay otra manera de desarrollar el conocimiento, las destrezas y el carácter que necesitas para tener éxito, sino cometiendo errores y aprendiendo de la experiencia.

Tu viaje hacia tu destino consistirá en una serie de problemas, reveses y fracasos temporales. Son una parte inevitable de la vida. El éxito no es posible si no desarrollas la habilidad para enfrentar y superar los inevitables retos y obstáculos que se interponen entre tú y cualquier cosa que trates de alcanzar.

Controla tus reacciones

Las personas fuertes esperan enfrentar problemas en su viaje hacia sus metas y destinos. Las personas débiles se sorprenden y desaniman cuando las cosas no salen de la manera que lo esperan. Se enojan y descontrolan. Culpan a otras personas por sus problemas. A menudo se deprimen o actúan irracionalmente.

Puedes influir sólo en una parte de la ecuación: la forma como respondes a las dificultades en la medida que se presenten. Esto a menudo se llama "habilidad de respuesta (o responsabilidad)".

Tu éxito en la vida principalmente lo determina tu habilidad para responder efectivamente a los problemas cuando se presentan. Afortunadamente puedes aprender muchas estrategias efectivas practicadas por personas exitosas para enfrentar los problemas.

Los problemas van con el territorio

Primero que todo, espera tener problemas, decepciones y fracasos temporales. No te alarmes, ni te sorprendas, ni te enojes cuando se presenten. En lugar de eso, toma aire, relájate y di: "mi trabajo consiste en resolver problemas, a eso me dedico".

Cada vez que resuelvas un problema, serás más capaz de resolver problemas mayores. La mayor recompensa que tienes al resolver problemas es la oportunidad para resolver problemas más grandes. Pero con los problemas más grandes, vienen recompensas y responsabilidades más grandes.

Siempre te levantarás a la altura de tu habilidad para enfrentar los problemas en tu trabajo y en tu vida personal. Las personas grandes resuelven problemas grandes. Las personas pequeñas resuelven problemas pequeños o no resuelven nada. Las personas más exitosas y seguras en cada área, son quienes enfrentan efectivamente la mayor cantidad de problemas, grandes y pequeños, en su campo.

Piensa en términos de soluciones

Las personas superiores son intensamente orientadas hacia las soluciones. Piensan en las soluciones y lo que pueden hacer en lugar de pensar en los problemas y a quién culpar. Se dirigen hacia el futuro y continuamente piensan en términos de acciones que pueden tomar de inmediato para controlar el daño, minimizar el problema y avanzar.

Una de las mejores estrategias que puedes usar es practicar la preparación mental respecto a los problemas. Decide con antelación que sin importar lo que suceda, permanecerás calmado y relajado. Decide con antelación que no te decepcionarás ni te enojarás. Prográmate previamente para enfrentar los problemas de una manera calmada y efectiva.

Cuando te hayas programado previamente de esta manera y se presente el inevitable problema, automáticamente te verás aminorando la marcha y calmándote. Estarás más relajado y serás objetivo. Tomarás control de la situación.

Haz preguntas

Cuando enfrentas turbulencias inesperadas en tu negocio o en tu vida personal, puedes permanecer calmado, enfocado y tener claridad al hacer preguntas en lugar de reaccionar y hacerlo exageradamente.

Primero que todo, entiende los hechos. ¿Cuál es exactamente el problema? ¿Cómo sucedió? ¿Cuáles son los costos o dimensiones exactos del problema? Asegúrate de revisar dos veces los hechos. Muy a menudo lo que parece ser un problema, resulta ser una exageración o algo basado en información incorrecta.

A veces la solución al problema está contenida dentro del mismo problema. Puede ser que cuando suceda un problema, resulte no serlo para nada. A menudo puede ser una bendición disfrazada. El mismo acto de hacer preguntas te mantiene calmado y controlado. Enfócate en la solución. Pregunta ¿qué acciones puedo o podemos tomar de inmediato para enfrentar este problema?

Cuando enfrentamos un problema de cualquier tipo, la mayoría de las personas tiende a "hacer catástrofes" o pensar que lo peor puede suceder y buscan culpar a alguien por lo que ha ocurrido. Debes resistir ambas tendencias y no permitir que las personas que te rodean piensen de esa manera.

Acepta la responsabilidad y hazte cargo

Cuando tengas claramente definido el problema (y confirmado que realmente lo es), y hayas pensado respecto a las varias acciones que puedes tomar para resolverlo o minimizarlo, el siguiente paso es responsabilizarte en cuando a las acciones a tomar o asignar responsabilidades específicas para que alguien más tome acción.

Siempre piensa en términos de acciones que puedes tomar. Así como un piloto que enfrenta turbulencias inesperadas mantiene ambas manos en el timón, y sus ojos en los controles, cuando experimentas problemas debes hacerte cargo de tu situación y asegurarte que estás volando en la dirección correcta.

Cada dificultad en la vida es una prueba de alguna clase. La única pregunta es si pasas o pierdes la prueba. Cada vez que respondes efectivamente a un problema o dificultad, desarrollas más sabiduría, inteligencia y poder personal. Te haces más inteligente, más competente y más capaz incluso para resolver problemas más grandes.

Cambia tu vocabulario

En la aviación la palabra "actitud" se refiere al ángulo del vuelo o la proximidad relativa al horizonte. La manera como piensas respecto a un problema también determina tu actitud o la manera como lo enfrentes.

Puedes usar tres palabras para cambiar tu actitud y la manera como enfrentas cualquier dificultad. Primero que todo, reemplaza la palabra *problema* por la palabra *situación*. Mientras problema es una palabra negativa que activa sentimientos de temor y ansiedad, la palabra situación es neutral. En lugar de decir, "tenemos un problema" puedes decir "tenemos una situación".

Personalmente prefiero cambiar la palabra problema por la palabra reto. Cuando algo sale mal, inmediatamente digo "hoy tenemos un interesante reto que afrontar".

Reto es una palabra positiva. Cuando piensas en un reto, piensas en algo que superas, algo que saca lo mejor de ti y de otros. Los retos hacen que la vida sea emocionante y que valga la pena vivirla. Al superar los retos de la vida diaria, realizas más y más tu potencial.

De pronto la mejor palabra de todas sea oportunidad. En lugar de decir, "tenemos un problema" puedes decir "tenemos una oportunidad inesperada".

Napoleón Hill es famoso por haber dicho "cada problema o dificultad que enfrentes tiene la semilla de una ventaja o un beneficio igual o mayor". Tu trabajo es encontrar el beneficio y tu actitud determina la manera como enfrentas un problema.

La actitud de buscar lo mejor en cada situación, de buscar la ventaja o el beneficio en cualquier problema o dificultad, es la manera como la mayoría de personas exitosas piensa la mayor parte del tiempo.

Libera tus poderes mentales

Tu cerebro es un organismo admirable. Cuando estás calmado y relajado, tu neocórtex, tu cerebro pensante, está completamente activo y disponible para ti. Pero cuando te pones ansioso o te enfadas, tu neocórtex se apaga, como cuando se apagan las luces en un edificio. Cuando reaccionas emocionalmente ante un problema, quedas pensando con tu paleocorteza, que es tu cerebro límbico o emocional.

Tu cerebro emocional tiene dos estados: pelear o huir. Cuando tienes miedo o ansiedad frente a un problema, fácilmente puedes caer en un estado de negación, ira, o culpa. Puedes sentir como si quisieras dar golpes o atacar o puede que quieras ignorar el problema y esperar que se vaya por sí solo. Pero ninguna de estas respuestas es de ayuda.

Las personas superiores, los líderes en todas las áreas enfrentan los altibajos inevitables de la vida diaria rumbo a sus destinos al tomar completo control de su pensamiento y de sus emociones. Lo logran al escoger las palabras que usan para describir una situación, su tono de voz y su comportamiento al enfrentar los problemas.

Volando hacia vientos contrarios

Cuando sales rumbo a un nuevo destino o una meta, como cuando un avión despega, tendrás una idea de tu tiempo de salida y de tu tiempo de llegada. Trazarás un horario para ti y esperarás llegar a tiempo. Pero tan pronto como despegues experimentarás lo que los pilotos llaman *vientos contrarios inesperados.*

A través de los años he viajado muchos millones de millas. He tenido casi cualquier experiencia excepto un choque aéreo. No es anormal, especialmente durante la primavera o el otoño, que un avión enfrente vientos opuestos en un viaje de costa a costa. A veces esos vientos contrarios pueden ser de 150 a 200 millas por hora y retrasan el vuelo hasta dos horas en el aire. Una vez estaba en un vuelo de Nueva York a Dallas, los vientos contrarios eran tan fuertes y duraron tanto que el piloto tuvo que aterrizar en Saint Louis para ponerle más combustible al avión.

La situación en tu propia vida es similar. Tan pronto como te embarques en una nueva travesía, también experimentarás vientos opuestos: todo costará el doble y se tardará el triple de lo que esperabas. En una nueva empresa, deberías hacer tus mejores proyecciones financieras y luego multiplicarlas por dos para tener una cifra realista. Deberías calcular cuánto tiempo tomará lograr cierta meta trascendental y luego multiplicar eso por tres para tener un periodo de tiempo requerido que sea razonable.

Tipos de vientos contrarios

Los vientos contrarios en tu negocio y en tu vida personal vienen de muchas partes. Tu principal fuente de vientos opuestos serán otras personas. Te decepcionarán, te harán trampa, te traicionarán, no procederán según tus expectativas, y resultarán siendo incompetentes o indiferentes. Si esperas que todas las personas con las que tratas sean inteligentes, competentes y honestas, experimentarás una buena cantidad de retos en tu camino hacia la sabiduría y la experiencia.

Tus clientes serán una gran fuente de vientos opuestos. Cuando comiences un nuevo negocio, te asombrará lo difícil que es lograr que los clientes compren tu producto y servicio la primera vez. Será muy sorprendente para ti lo difícil que es lograr que cambien su proveedor actual para comprarte a ti. La mayoría de clientes potenciales se encuentran en su zona de comodidad. Siguen la Ley de la inercia, y seguirán comprándole al proveedor actual así tu producto o servicio sea superior, porque están cómodos con lo que han hecho anteriormente.

Tus clientes te decepcionarán porque comprarán menos de lo esperado, se demorarán más en comprarte de lo que esperabas, pagarán más lento de lo que presupuestas y se quejarán más de lo que esperabas. A menudo encontrarás que el producto o servicio que ofreces a tus clientes para añadir valor a sus vidas está muy costoso, no es competitivo con otros y es defectuoso en términos de los resultados o beneficios que prometiste. Esas dificultades y retos son normales y naturales. Tu trabajo es enfrentarlos como realidades y encontrar una manera de resolverlos.

Recuerda que el cliente siempre tiene la razón. Lo que cuenta no es lo que tú produces sino lo que la gente compra. Tu futuro no lo determina lo que quieres ofrecer sino de lo que la gente desea disfrutar. Nos ganamos la vida sirviendo a otros de alguna manera. Y esos otros siempre definen lo que tenemos que hacer para tener éxito. Enfrenta los hechos, trata con la realidad y modifica tu producto o servicio para que los clientes lo compren, lo vuelvan a comprar y se lo digan a sus amigos.

Vientos contrarios financieros

Otro tipo de vientos opuestos que enfrentarás tiene que ver con el dinero. Algunas personas te dirán que es fácil ganar todo el dinero que deseas únicamente pensando positivamente y visualizándote como una persona adinerada. Todos quieren creer que eso es cierto, y muchas personas con todo el corazón adoptan la idea de riquezas sin esfuerzo.

Pero eso no incluye a quienes de hecho sí han logrado el éxito financiero. La gente que ha ganado mucho dinero, ha aprendido por medio de experiencias amargas que sólo una cosa es fácil respecto al dinero y ésa es perderlo. Como dice el proverbio japonés, “ganar dinero es como cavar con un alfiler, perder dinero es como regar agua en la arena”.

El dinero es un tema muy emocional. La gente es muy renuente a separarse de su dinero por cualquier motivo. Cuando te acercas a amigos, bancos, prestamistas o proveedores de préstamos o líneas de crédito, encontrarás que son escépticos y sospechosos, lentos para proceder y muy cuidadosos con su dinero. Debido a que la gente con dinero ha tenido toda suerte de experiencias, incluyendo haber sido engañados o que les hayan metido y que les hayan hecho trampa, son muy indecisos y cautos respecto a facilitarte dinero a ti, u a cualquier persona, por cualquier motivo.

Vientos contrarios personales

Experimentarás vientos contrarios personalmente al descubrir, para tu sorpresa, que te hacen falta ciertos talentos, habilidades y conocimientos que necesitas para tener éxito. Puedes encontrar que manejas mal el tiempo o que te falta autodisciplina. Parece que no te puedes concentrar o enfocar, y dedicarte únicamente a tu tarea más importante. Te sientes agobiado con tanto para hacer y tan poco tiempo para hacerlo.

Pueden faltarte habilidades financieras, analíticas, de mercadeo o de ventas. Puedes no saber cómo planear y organizar tu negocio, hacer publicidad efectivamente y atraer clientes o persuadir a tus clientes potenciales de comprar tus productos o servicios. Es posible que no sepas cómo atraer y conservar buenas personas o cómo tomar buenas decisiones de negocios.

Si estás comenzando y construyendo un negocio, puede faltarte habilidad para escoger a las personas correctas para las posiciones adecuadas en tu negocio. También puede faltarte la habilidad para delegar y supervisar a tu equipo para asegurar que hacen su trabajo a tiempo, dentro del presupuesto y con medidas específicas de desempeño.

Afortunadamente todas estas son habilidades que se pueden aprender. Pero el punto de inicio para dominarlas es admitir que las necesitas, que no eres especialmente bueno en algunas áreas. Después de eso tu educación puede comenzar.

Debido a tu increíble mente, puedes aprender cualquier habilidad que necesites aprender para lograr cualquier meta que puedas trazarte. Nunca te detengas porque te falta una habilidad o destreza en particular. En lugar de eso, debes trazar el desarrollo de esa habilidad como una meta, hacer un plan para lograrlo, y luego trabajar en eso cada día hasta que hayas dominado la habilidad.

No te sorprendas

Una señal de madurez, una cualidad vital para ser desarrollada en el camino hacia el éxito, la felicidad y la estabilidad en la vida, es esperar los problemas y las dificultades como una parte normal, natural e inevitable de la vida. Para llegar a ser una persona superior se necesita aceptar que cuando te diriges hacia una meta o destino grande y emocionante, constantemente enfrentarás turbulencias inesperadas y vientos opuestos. Tu trabajo consiste en aprender a navegar en medio de esas dificultades con calma, claridad y completa autoconfianza.

Te conviertes en un pensador tranquilo y efectivo al permanecer calmado frente a la adversidad. Te haces paciente practicando la paciencia cuando sea necesario. Te conviertes en un gran piloto para tu propio destino al tratar efectivamente con las tormentas inevitables que suceden en tu trabajo y en tu vida personal.

CAPÍTULO SIETE

Corrige el rumbo permanentemente

Tarde o temprano llega una crisis a tus negocios, y la manera como la enfrentamos determina nuestra futura felicidad y éxito. Desde el comienzo de los tiempos, toda forma de vida ha sido llamada a enfrentar tales crisis.

ROBERT COLLIER

Los problemas, las dificultades y las adversidades son parte normal, natural e inevitable de la vida y de los negocios. Cuando te traces una nueva meta, o te lances hacia un nuevo destino, experimentarás retos y dificultades que nunca esperaste o anticipaste. Pero la verdadera prueba del carácter es la inevitable e ineludible crisis. Tu habilidad para resolver problemas es importante, pero tu habilidad para enfrentar la crisis, a la larga determina tu éxito o fracaso en la vida.

Se estima que la persona promedio hoy en día experimenta una crisis cada dos o tres meses. Esto puede ser una crisis financiera, familiar, física, personal o de cualquier clase. Eso quiere decir que cada persona que conoces, incluyéndote a ti mismo, está en una crisis hoy, acaba de salir de una crisis, o está a punto de tener una crisis.

Las crisis, por naturaleza, son espontáneas. Son completamente inesperadas, llegan por un lado o por el otro. Y como no puedes predecir o anticiparte a una crisis, lo único que puedes hacer cuando sucede es responder de manera efectiva.

Habilidades de liderazgo

En un estudio de varios años realizado en la Universidad de Stanford, los investigadores examinaron la evaluación anual de rendimiento de cientos de presidentes y jefes ejecutivos de las compañías *Fortune 1000*, unos de los ejecutivos más exitosos en cada negocio o industria. Los expertos observaron lo que se había escrito respecto a los ejecutivos desde el momento en el que comenzaron a trabajar, buscando características comunes de las personas más sobresalientes.

Este estudio reveló que los mejores ejecutivos tenían dos cualidades dominantes en común. La primera era la habilidad para funcionar bien como miembros de un equipo. En sus comienzos fueron buenos jugadores de equipo, haciendo contribuciones valiosas a los grupos de los que hacían parte. A medida que eran promovidos a posiciones más importantes, demostraron la habilidad para reunir equipos ganadores de personas talentosas y organizarlos para lograr metas importantes y resultados para sus compañías.

La cualidad más importante del liderazgo

La segunda cualidad, y la más importante, que los mejores líderes tenían en común, era la habilidad de funcionar bien en medio de una crisis. Las personas más sobresalientes en cada campo demostraron a lo largo de sus carreras que podían tratar efectivamente con las inevitables crisis cuando éstas se presentaran.

Los investigadores descubrieron algo más: el trabajo en equipo podía enseñarse en seminarios y talleres. Pero la habilidad para funcionar bien en una crisis no se podía enseñar. Un líder no podía aprender a enfrentar una crisis en un taller o en un seminario, o interpretando roles con otras personas en una situación de un problema imaginario.

La habilidad para enfrentar una crisis se podía aprender y demostrarse sólo en medio de una crisis real, un impredecible revés o adversidad con el potencial de generar más daño de alguna manera. Durante tales crisis, el verdadero líder surgía salvando la situación y resolviendo el problema.

La vida es una serie de pruebas

En la vida los problemas son las pruebas que debes pasar para seguir adelante y hacia arriba. Las crisis inevitables que experimentas en tu vida diaria son las verdaderas pruebas de capacidad y madurez. Son la medida de tu carácter. Son el mejor indicador de los niveles de valor, inteligencia, persistencia y anticipación que has desarrollado hasta ese momento.

Como dijo Epictetus: "Las circunstancias no hacen al hombre, simplemente le revelan quién es a él mismo". Y también a otros.

Cuando eres un líder frente a una crisis, todo el mundo te mira para ver cómo reaccionas. Todos miden y juzgan. La gente te valora o desestima. La crisis es la "gran prueba" de la vida.

Cómo se desempeñan los líderes en una crisis

Con los años, he trabajado con presidentes y jefes ejecutivos de muchas compañías grandes. He entrenado, aconsejado y sido consultor de millonarios, multimillonarios y hasta billonarios. He podido verlos de cerca y personalmente.

Una cualidad que todos parecen tener, es su habilidad para permanecer en calma y tranquilos cuando han enfrentado grandes reveses y adversidades. Cuando dieron la cara a un problema o una crisis, parecía que activaban un interruptor en sus mentes que les permitía calmarse y mantener el completo control. Inmediatamente se hacían cargo de sus emociones y de la situación.

Las personas más sobresalientes con quienes he tratado, nunca se enojaban o airaban. No se emocionaban o irritaban. De hecho, parecía que fueran hacia el extremo opuesto. Aminoraban la marcha y se volvían más corteses y atentos. Decían "por favor" y "gracias". Hacían preguntas y reunían información antes de reaccionar o responder.

Conoce los hechos

Harold Geneen, el antiguo presidente de ITT, un conglomerado de 150 empresas, una vez dijo que el paso más importante para enfrentar cualquier problema de negocios era conocer los hechos. Dijo, "Conoce los hechos reales. No los hechos asumidos, los aparentes, los obvios, o los esperados. Sigue profundizando hasta que conozcas los hechos reales. Los hechos no mienten".

Cuando Jack Welch, ex jefe ejecutivo de General Electric, enfrentaba un problema, preguntaba, "¿Cuál es la realidad?" Insistía en saber la verdad acerca de la situación, cualquiera que ésta fuera.

Estos ejecutivos encontraron que entre más información, (entre más fueran los factores) que reunieran respecto a cualquier problema o crisis, más obvia será la solución correcta o el curso de acción. Esta solución parecerá surgir como resultado de indagar más y más profundo en problema.

El trabajo más importante

¿Cuál es el trabajo más importante que haces? La respuesta es: pensar. Tu habilidad para pensar con claridad y tomar buenas decisiones determina ampliamente el curso y la calidad de tu vida. La gente que piensa mejor, llega a mejores conclusiones. Toman mejores acciones y obtienen mejores resultados. La gente que no se toma el tiempo para analizar detenida y apropiadamente las situaciones, a menudo llegan a las conclusiones equivocadas, deciden de forma errónea y actúan de forma incorrecta, llevando a rendir menos de lo esperado y al fracaso una y otra vez.

La habilidad más valiosa para desarrollar en tu vida y en tu trabajo es la habilidad para pensar con calma y claridad. Eso requiere que intencionalmente practiques una forma de aislamiento cuando estás tratando con una adversidad inesperada. Sigue siendo objetivo. Imagínate que eres un consultor que ha sido traído de afuera para analizar el problema o la crisis y hacer recomendaciones. Mantente a la distancia de tus brazos mientras analizas la situación. Permaneces sin emociones mientras recopilas información. Sólo cuando sientas que has entendido todo lo que puedes respecto al problema, da tus recomendaciones y toma tus decisiones.

Piensa con proyección

Una de las habilidades de pensamiento más importantes que puedes desarrollar es la anticipación a la crisis. Para practicar esta habilidad con frecuencia, mira hacia adelante en el camino de la vida, hacia el futuro, y pregúntate ¿qué es lo que tiene la mayor probabilidad de salir mal? ¿Qué podría descarrilar mis planes u obstaculizar mi habilidad para lograr mis metas?

Haz una lista de cada problema o crisis que pudiera ocurrir. Usa la norma del 3 por ciento: así un problema tenga solo el 3 por ciento de probabilidades de suceder, escríbelo en tu lista. Piensa en lo que sucedería si se presentara y cómo responderías.

Royal Ductch Shell, una de las compañías petroleras más grandes del mundo es famosa por su planificación de escenarios. Como tiene campos de petróleo y de gas, estaciones de bombeo, tuberías, embarcaciones, refinerías y estaciones de gasolina por todo el mundo, la compañía ha desarrollado más de seiscientos escenarios para enfrentar varias crisis que pudiera presentarse.

Como resultado, si hay una ruptura en una tubería en Kazajstán, una guerra civil en Nigeria, o un derrame de petróleo en Alaska, Royal Dutch Shell tiene un plan de acción escrito para responder a esa situación. La compañía está preparada para reaccionar rápida y eficientemente, minimizando los daños y los costos, pasando petróleo de un lugar a otro para evitar la interrupción del abastecimiento.

De la misma manera, deberías proyectarte hacia el futuro y pensar en lo que podría pasar, qué podría desestabilizar tus planes o impedirte alcanzar tus metas. Luego vuelves al presente y preguntas, si tal situación sucediera, ¿qué harías para enfrentarla de inmediato?

La clave de la victoria

Napoleón Bonaparte fue famoso por su habilidad para anticiparse a lo que podía ocurrir en el curso de la batalla. Cabalgaba con anticipación junto con sus generales e inspeccionaba el potencial campo de batalla. Estudiaba cuidadosamente la distribución del terreno, no había sitio donde él no pudiera desplegar su artillería y mover su infantería. Luego, cuando era posible, atraía engañosamente al ejército enemigo al campo de batalla de su elección.

Hoy recordamos a Napoleón como el general que perdió la batalla de Waterloo. También perdió en la batalla de Leipzig en Alemania en 1813, y falló en su invasión a Rusia en 1812. Pero lo que se olvida a menudo es que entre 1793 y 1815 dirigió el ejército francés en cientos de batallas, por toda Europa, y triunfó casi todas las veces, a menudo contra fuerzas superiores.

Su habilidad para practicar la anticipación a crisis, para prever las peores cosas posibles que pudieran suceder en cualquier batalla, le dio una tremenda ventaja sobre el general enemigo. Sin importar lo que sucediera, cuando comenzaba el fuego, él estaba preparado. A medida que se desarrollaba la batalla, de inmediato podía dar las órdenes para enfrentar con un enemigo inesperado o tomar ventaja de una retirada o una penetración. Anticipadamente había pensado sobre cualquier escenario posible.

Entre más hayas pensado en los posibles problemas retos y crisis, más calmado y tranquilo estarás cuando sucedan. Y así como el verano viene tras la primavera, tu vida será una serie continua de problemas y crisis, grandes y pequeños.

Cómo hacer correcciones de curso

Esto nos lleva a una de las partes más importantes del verdadero secreto del éxito. Anteriormente dije que un avión permanece fuera de curso el 99 por ciento del tiempo. Cada vuelo de un punto a otro necesita una serie permanente de correcciones de rumbo para mantener el avión en vuelo hacia su destino.

En tu vida también tendrás que hacer continuas correcciones de rumbo. Cada hora, de cada día, tendrás que hacer cambios grandes y pequeños para lidiar con eventos y circunstancias inesperados. Tu habilidad para hacer esas correcciones de rumbo rápida y efectivamente, determinará tu éxito más que cualquier otro factor.

Resiste la atracción de la zona de comodidad

Debido al temor al fracaso, la mayoría de las personas se resisten al cambio, así el cambio sea para su bien. Por la Ley de la inercia: "un cuerpo en movimiento tiende a permanecer en movimiento a menos que tenga la influencia de una fuerza externa", la gente tiende a seguir haciendo lo mismo, día tras día y año tras año, por ninguna razón diferente a que están cómodos de cierta manera.

Harold Geneen dijo: "El mayor problema en el trabajo de ejecutivo no es la adicción al trabajo, es el egoísmo".

La mayoría de las personas odian equivocarse. Incluso si es evidente que estén equivocados, odian admitirlo. Debido a su ego, enfrentan increíbles giros emocionales y mentales para evitar admitir que han cometido un error. Si son descubiertos en un error, la mayoría de las personas tienden a ignorarlo, negarlo o culpar de eso a otra persona. Se rehúsan a corregir el rumbo.

El cambio es la única constante

Pero en tiempos de cambios rápidos, de acuerdo con la Sociedad Americana de Administración, te vas a equivocar por lo menos el 70 por ciento del tiempo. La información cambiará. La tecnología avanzará. Tu competencia hará algo inesperado. Eventos sobre los cuales no tienes control, pueden reducir a nada tus mejores planes e intenciones.

El viernes puedes trazar un completo plan de acción incluyendo muchos días o semanas de planeación. Pero luego, el lunes, algo puede suceder en el mercado, tan grande como el 9/11 o tan pequeño como una reducción de precios por parte de la competencia, y eso cambia todos tus planes.

Es por esto que la flexibilidad es una cualidad esencial que debes desarrollar para enfrentar efectivamente las tormentas, turbulencias, vientos contrarios y rayos que experimentes en tu vuelo hacia tu destino. Debes estar dispuesto a recibir retroalimentación y autocorregirte. Debes preocuparte más por saber qué es lo correcto en lugar de quién está en lo cierto.

Algunas personas pueden pensar que admitir errores y cambiar de rumbo es una señal de debilidad o de incompetencia. Pero en tiempos de cambios rápidos, la disposición a admitir que no eres perfecto, que tienes información nueva necesaria para cambiar tu curso de acción, es una señal de valor, carácter y fuerza personal. Las personas débiles siempre intentan cubrir sus errores. Las personas fuertes los admiten rápidamente y de inmediato toman un curso de acción diferente.

Mantén tu mente despejada al practicar todo el tiempo el pensamiento. Pregúntate, según esta nueva información, ¿si ahora no estuviera haciendo esto, sabiendo lo que ahora sé, volvería a comenzarlo hoy?

Si la respuesta es no, de inmediato has los cambios que sean necesarios para mantener el curso hacia la meta. Recuerda esta norma: ten claridad sobre tu meta, pero sé flexible respecto al proceso para lograrla.

Controla tu mente

Cuando la inevitable crisis te golpea, toma el control de tu mente, y de la situación, al hacerte a ti mismo y a otros estas preguntas claves:

1. ¿Qué estamos tratando de hacer?
2. ¿Cómo estamos tratando de hacerlo?
3. ¿Hay una mejor manera?
4. ¿Qué estamos dando por hecho?
5. ¿Y qué si lo que estamos dando por hecho está mal?
6. ¿Qué acciones deberíamos tomar inmediatamente basados en nuestras respuestas a estas preguntas?
7. ¿Cuál debería ser nuestra primera acción a tomar?

Separa los factores de los problemas. Un factor es algo fijo, que no se puede mover, como un evento pasado que no puedes cambiar o un evento presente sobre el cual no tienes control, como el clima.

Por otro lado, un problema es algo que puede ser resuelto. Puedes hacer algo al respecto. Puedes utilizar tu mente para encontrar una solución.

La norma es simple: rehúsate a enojarte o airarte respecto a algo que no puedes cambiar. Ahorra tiempo y energía para esos retos en los que puedes influir de alguna manera. Recuerda que "hay que enfrentar lo que no se puede curar".

Cómo seguir siendo flexible

Puedes hacer tres afirmaciones de manera frecuente para aclarar tu mente e incrementar tu habilidad para enfrentar cualquier situación. Cuando desarrollas el hábito de usar estas afirmaciones como respuesta a los problemas y dificultades, harás con mucha mayor facilidad las correcciones al rumbo, necesarias para llegar a tu destino.

1. Cuando tomes una decisión, y haya información nueva o circunstancias que demuestren que fue una mala decisión, no temas decir "me equivoqué".

   Tan pronto como admitas que estabas equivocado, la situación terminará. No tendrás que desperdiciar otro minuto o esfuerzo defendiéndote, justificándote o dándote a entender. Sólo di, "me equivoqué", y empieza a trazar el curso de correctivos que debes hacer según la nueva información que posees.

2. La segunda declaración que puedes hacer es "cometí un error".

   Ya que el 70 por ciento de tus decisiones saldrán mal, toda tu vida estará salpicada con una serie errores grandes y pequeños. Cuando puedes tranquila y confiadamente admitir que no eres perfecto, que según la información que tenías, llegaste a la conclusión equivocada y cometiste un error, la situación habrá terminado. Ahora todos pueden enfocarse en la solución y las acciones que puedes tomar para volver al curso.

3. La tercera afirmación que puedes hacer es "Cambié de opinión". A lo largo de la vida tomarás decisiones basado en cómo te sientes y piensas en ese momento. Pero después de unas horas o de unos días, puedes ver la situación de manera diferente. Puedes encontrar que según la información que ahora tienes, tu decisión anterior no fue la mejor para ti. Cuando tienes el valor

para simplemente admitir que has cambiado de opinión, puedes seguir adelante.

Libre para elegir

Mis padres eran muy rígidos en su manera de pensar. Tan pronto tomaban una posición, nunca la cambiaban. Como consecuencia, mi niñez fue frustrante. Así mis padres estuvieran equivocados, nunca lo admitirían porque eso involucraba sus egos.

Cuando crié a mis hijos decidí reversar ese comportamiento. Desde muy temprana edad les dije "siempre tendrás la libertad de cambiar de opinión". No quería que ellos sintieran que si habían hecho una afirmación, o si habían tomado una posición, quedaban atrapados defendiéndola indefinidamente.

Mi hija Christina, quien ya es adulta y está casada, varias veces me ha dicho que ese consejo, "siempre tendrás la libertad para cambiar de opinión", ha sido una de las ideas más liberadoras que haya aprendido. Se la enseña a todo el mundo. Puedes practicarla para ti mismo.

La clave para lograr todo lo que es posible para ti, es hacer correcciones al curso de manera permanente en tu vida. Y siempre puedes cambiar de opinión.

CAPÍTULO OCHO

Acelera tu aprendizaje y tu progreso

Solamente con el corazón puedes ver bien; lo esencial es invisible a los ojos.
ANTOINE DE SAINT-EXUPÉRY

¿Cuál es tu activo financiero más valioso? Sorprendentemente no es tu casa, ni tus inversiones o tu cuenta de banco. Es tu capacidad de ganancia. Tu habilidad para ganar dinero es la posesión más valiosa y efímera que tienes.

Te ha tomado toda la vida desarrollar tu capacidad de ganancia hasta el punto donde estás hoy. Tu capacidad de ganancia actual es una mezcla entre conocimiento, habilidades, experiencia, educación, trasfondo, personalidad, carácter y cualidades de pensamiento y comportamiento como: valor, autodisciplina y persistencia. Al aplicar tu capacidad de ganancia prudentemente, puedes ganar decenas de miles de dólares al año.

Puedes perder tu casa, tu carro, tu dinero y todas las demás posesiones materiales. Pero mientras tengas tu habilidad de ganancia, puedes entrar al mercado y volver a ganarlo todo nuevamente.

Tus Bienes Intangibles

Tu capacidad de ganancia es invisible. Es intangible. Es difícil de estimar o de medir. Dos personas con el mismo coeficiente intelectual y las mismas calificaciones, pueden graduarse de la misma universidad con la misma educación y comenzar a trabajar al mismo tiempo. Diez años después una de esas dos personas ha sido promovida varias veces y está ganando cinco o diez veces más que la otra persona. ¿Por qué sucede eso?

La explicación es simple. Tu habilidad de ganancia puede ser activo valorable o un activo depreciable: puede aumentar o disminuir en valor con el tiempo. Y esto está completamente bajo control.

Un activo valorable se hace más valioso a medida que pasa el tiempo. Cuando te dedicas a aprender toda la vida, a seguir aumentando tu conocimiento y habilidades para añadir valor donde quiera que estés, tu capacidad de ganancia se valorizará. Recibirás un mejor sueldo porque vales más. Por la Ley de causa y efecto, a medida que aumentes tu habilidad de ganancia, aumentarás el valor de tu contribución y tu valor en un mercado competitivo.

La Inteligencia mejor pagada

Según Howard Gardner, de la Universidad de Harvard, la inteligencia más importante y mejor pagada en nuestra sociedad es la inteligencia social. Esto se refiere a tu habilidad para negociar, comunicar, persuadir y venderte a ti mismo, tus productos y tus servicios a otros.

Para lograr cualquier cosa que valga la pena en la vida, necesitas la ayuda y la cooperación de muchas personas. Tus habilidades interpersonales son más valiosas que cualquier otra cosa respecto a obtener la ayuda y el apoyo de otros, y pueden estar subdesarrolladas.

Puede faltarte la habilidad para negociar en tu favor o en favor de tu negocio para obtener los mejores precios cuando estás comprando o vendiendo. Puede faltarte la habilidad para venderte a ti mismo o tus productos y servicios a consumidores escépticos y que están satisfechos con lo que están usando en la actualidad.

Pisa tu propio acelerador

Aumentar tu conocimiento y habilidades es como usar combustible de alto octanaje en tu motor, rumbo a tu destino. Aprender nuevas habilidades que pueden aumentar tu contribución es como pisar el acelerador de tu propio potencial. En términos más sencillos, para ganar más, primero tienes que aprender más. Como lo dijo el entrenador de baloncesto Pat Riley, "si no estás mejorando, estás empeorando".

Desafortunadamente para la mayoría de las personas, su habilidad de ganancia es un activo fijo o incluso depreciable. Su habilidad para contribuir no está valorizándose más que la tasa de inflación, alrededor del 3 por ciento por año. Por tal motivo, la mayoría de las personas sólo tienen un "trabajo" que lo ven como algo para "simplemente sobrevivir".

El 20 por ciento sobresaliente de personas en nuestra sociedad, constantemente aumenta su habilidad de ganancia, su habilidad para contribuir más y mejor, y obtener mejores resultados para su propia compañía o sus empleadores. Ellos leen los mejores libros, escuchan los mejores audios educativos, ven videos educacionales y toman cursos adicionales en sus campos. Buscan aprender como si su futuro dependiera de ello, y así es.

Escribe las lecciones que aprendes

Un amigo mío inició una compañía de mercadeo a sus veinte años. Trabajó doce horas al día, siete días a la semana por dos años, pero el negoció fracasó y él lo perdió todo.

Luego hizo algo que cambió su vida. Se sentó con un cuaderno de notas y en la parte arriba de cada página escribió una serie de preguntas:

1. ¿Qué lecciones he aprendido sobre el negocio en general a partir de esta experiencia?
2. ¿Qué lecciones he aprendido sobre clientes y mercados a partir de este fracaso de negocios?
3. ¿Qué lecciones he aprendido acerca de las personas y empleados a partir de esta experiencia?
4. ¿Qué lecciones he aprendido acerca de los colegas y socios?
5. ¿Qué lecciones he aprendido acerca del dinero, bancos y finanzas?
6. ¿Qué lecciones he aprendido acerca de mí mismo y mis fortalezas y debilidades?
7. ¿Qué lecciones he aprendido acerca de producción y distribución de productos y servicios a partir de esta experiencia?

Luego escribió una página completa respondiendo cada una de esas preguntas como haciendo una lluvia de ideas. Este cuaderno de notas se convirtió en su manual para su siguiente empresa. Cada vez que tenía un problema o dificultad, se dirigía a la página apropiada para recordarse a sí mismo las lecciones que había aprendido.

Para cuando había cumplido treinta y cinco años, ya era millonario. Cuando cumplió cuarenta años, era multimillonario. Cuando cumplió cincuenta años se retiró a una hermosa casa en un campo de golf en Palm Springs, donde ha vivido hasta hoy.

Cómo lograr la excelencia personal

La excelencia personal probablemente sea el activo más importante de todos los activos intangibles que puedas adquirir.

Lograr la excelencia personal en tu negocio o industria requiere una dedicación de por vida. Pero cuando entras al 10 por ciento de personas más sobresalientes en tu campo, serás una de las personas mejor pagadas del país. Disfrutarás del respeto y la estima de todos los que te rodean. Podrás vivir tu vida de la manera que quieres vivirla. Disfrutarás de altos niveles de autoestima, autorrespeto y orgullo personal.

Hace poco un caballero se me acercó en un seminario en Las Vegas. Dijo, "cuando se dirigió a esta compañía hace cuatro años, nos dijo que si teníamos metas claras por escrito, trabajábamos continuamente para actualizar nuestras habilidades y nunca nos rendíamos, podríamos doblar nuestros ingresos.

"Bueno", dijo, "usted estaba muy equivocado". Seguí sus instrucciones al pie de la letra. He estado trabajando en mí mismo casi todos los días durante los últimos cuatro años. Pero no sólo aumenté mis ingresos al doble, han aumentado casi diez veces. Incluso me ha sido difícil creer cuánto dinero estoy ganando hoy en comparación con lo que estaba ganando antes de dedicarme a mejorar cada día en lo que hago".

Construye activos intelectuales

Cada persona tiene o puede adquirir tres formas de capital intelectual. Eso requiere una inversión de estudio y trabajo duro, pero rinden utilidades con ingresos más elevados el resto de tu vida.

La primera clase de capital intelectual que puedes adquirir consiste en tu conocimiento principal, habilidades y aptitudes. Éstos son el resultado de tu educación, experiencia y entrenamiento. Ellos determinan lo bien que te irá en tu trabajo y el valor de tu aporte a tu negocio. Pueden aumentar y mejorar casi ilimitadamente a lo largo de tu vida. A veces, añadir una habilidad clave puede doblar el valor de tu contribución y de tus ingresos.

Construye tu conocimiento interior

La segunda manera de capital intelectual que puedes poseer es tu conocimiento de cómo funciona tu campo internamente, en comparación con tus competidores o cualquier otro negocio.

Cada industria desarrolla una serie de sistemas, procesos, métodos, técnicas y estrategias de mercadeo, ventas, producción, distribución, servicio y satisfacción del cliente. Cada negocio u organización tiene su propia estructura política y social, su propia jerarquía, lo cual determina la importancia relativa y la capacidad de cada persona y con quien debes trabajar para obtener resultados.

Cada negocio tiene sistemas internos de contabilidad, administración y controles financieros. Esos sistemas exigen muchos años de desarrollo y tiempo considerable para que una nueva persona los aprenda. No obstante, a menudo son parte clave del inventario de bienes de la compañía. Una persona que conoce y entiende profundamente esos sistemas tiene cierto capital intelectual que es difícil de recuperar para una compañía.

Cuando la que ha sido mi asistente ejecutiva por quince años me pide un incremento de salario, inmediatamente veo que reemplazarla me costaría mucho más en términos de tiempo, esfuerzo y dinero. A una persona le puede tomar meses o incluso años adquirir su capital intelectual. Su conocimiento detallado de cada aspecto de mi negocio, incluyendo clientes, contactos, contratos, comunicaciones y las complejidades de la actividad de mi negocio, le han tomado años para poder aprenderlos. Darle a ella un incremento salarial es fácil cuando lo comparo con el costo de reemplazarla por alguien más. Ella se ha hecho muy valiosa.

Construye tu habilidad para obtener resultados

La tercera manera de capital intelectual que posees y que probablemente es el punto clave para tu capacidad de ganancia es tu conocimiento y entendimiento de cómo puedes obtener resultados financieros en un mercado competitivo. Esto incluye el conocimiento de tus productos y servicios, y cómo venderlos. De igual manera el manejo de clientes y proveedores, y cómo tratar con ellos. Esto abarca tu familiaridad con los bancos, abogados, contadores y oficiales gubernamentales, y cómo interactuar con ellos de manera efectiva. Esta figura de capital intelectual puede exigir años para ser construida y es muy valiosa para una organización.

Tu primera responsabilidad es desarrollar una habilidad de ganancia a un alto nivel. Lo logras al aumentar continuamente tu capital intelectual, actualizando tu habilidad para hacer tu trabajo, convirtiéndote una parte valiosa de tu organización, y obteniendo más y mejores resultados financieros.

Tu eficiencia y efectividad

Tu meta es primero hacerte valioso y luego indispensable. La manera como logras esto es comenzando un poco más temprano, trabajando un poco más duro y quedándote un poco más tarde. Te haces indispensable al obtener más y mejores resultados que cualquier otra persona en tu posición. A medida que construyes una reputación para hacer una contribución valiosa, rápidamente captarás la atención de las personas que te pueden ayudar a avanzar. Recibirás un mejor pago y serás promovido más rápido en cada estado de tu carrera, ya sea dirigiendo tu propio negocio o trabajando para alguien más.

La oportunidad favorece a la mente preparada

Puedes mejorar tu habilidad de capitalizar las influencias invisibles que pueden ayudarte a tener gran éxito. La clave es obtener nueva información de manera continua. Lee los libros, revistas y boletines producidas por expertos en tu campo. Asiste a las reuniones anuales de la sociedad de tu gremio y aprende todo lo que puedas de los expertos de tu negocio. Reúnete frecuentemente con personas que trabajan en tu área e intercambia ideas con ellos.

Por la Ley de probabilidad, nunca puedes conocer cuál idea será la innovadora que te ahorre años de trabajo duro para lograr cierto nivel de éxito. Por lo tanto debes exponerte a la mayor cantidad de ideas e información como sea posible para aumentar las probabilidades de tener la idea correcta para la situación correcta en el momento correcto.

El 10 por ciento sobresaliente de tu campo

Para lograr todo lo que es posible para ti en la carrera que elegiste, debes dedicarte a llegar al 10 por ciento sobresaliente. Esta idea es impactante para muchas personas. Cuando entendí que para tener mucho éxito tenía que estar en el 10 porciento sobresaliente en mi campo, mi reacción inicial fue de decepción y desánimo. No me había graduado de secundaria. Había tenido varios trabajos como obrero por varios años antes de entrar a las ventas. Había sido despedido y descartado muchas veces y a mis treinta años había estado quebrado o al borde de la quiebra.

Luego aprendí algo que cambió mi vida: todos los que están en el 10 por ciento sobresaliente, han estado en el 10 por ciento de abajo. Todos a quienes hoy le está yendo bien, alguna vez les fue mal. Como lo dice el conferencista T. Harv Eker, "Todo maestro una vez fue un desastre".

Todos comenzamos por abajo

¡Sólo piensa! Todos los que hoy están en la cima de tu campo, una vez no estuvieron en tu campo y ni siquiera sabían que existía. Hoy están en la cima y ganando muchas veces más del ingreso promedio. Y la mejor noticia es: lo que muchas otras personas han hecho, tú también lo puedes hacer si aprendes cómo hacerlo.

Nadie es mejor que tú y nadie es más inteligente que tú. Tienes más talento, habilidad e inteligencia de lo que puedes usar en cien vidas. Por la Ley de causa y efecto, si aprendes y practicas lo que otras personas exitosas están haciendo, eventualmente dominarás las mismas habilidades que ellos tienen y obtendrás los mismos resultados que ellos. No hay límites excepto los que tú te impones con tu propio pensamiento.

Esta es la tragedia: la ausencia de un compromiso con la excelencia, por defecto, se convierte en una aceptación de la mediocridad. Nadie nunca se ha vuelto excelente por accidente. Así como alcanzar una meta valiosa a largo plazo, tener excelencia en lo que haces, exige tiempo, mucho tiempo.

El alcance de la maestría

¿Cuánto tiempo te tomará llegar a la cima de tu campo? En más de cincuenta años de estudio en la materia de maestría, los expertos han determinado que requiere aproximadamente siete años, o diez mil horas, de esfuerzo duro y dedicado para que alguien llegue al 10 por ciento sobresaliente de cualquier campo.

Se necesitan siete años para llegar a ser un excelente neurocirujano. Se necesitan siete años para convertirse en uno de los mejores vendedores. Se necesitan siete años para convertirse en un excelente empresario.

Se necesitan siete años para convertirse en un excelente mecánico de motores diesel. Cualquiera sea la profesión que hayas elegido, se necesitan aproximadamente siete años para llegar a la cima.

Cuando comparto esto con mis audiencias, ellos reaccionan con decepción y desánimo. Pero los hechos son los hechos. Probablemente puedas vencer los promedios, pero no lo apuestes. La razón por la cual se necesitan siete años o diez mil horas de trabajo duro es porque es el tiempo necesario para que domines tu arte, para que seas verdaderamente excelente en lo que haces.

De todas formas el tiempo pasará

A veces las personas dirán "Espere un minuto. Tengo treinta años ahora. Lo que usted está diciendo es que tendré treinta y siete años antes de que llegue al 10 por ciento sobresaliente y comience a disfrutar de grandes recompensas en este campo. ¿Entiende que tendré siete años más?".

Luego hago una pregunta sencilla, "de cualquier manera ¿qué edad tendrá en siete años?" Dentro de siete años usted tendrá siete años más de los que tiene ahora. La única pregunta es ¿estará en la cima de su campo o seguirá en el 80 por ciento de abajo, ganando un sueldo promedio y preocupándose por el dinero la mayor parte del tiempo?

La misma norma se aplica para el éxito en los negocios. Según un estudio realizado sobre 30.000 compañías, por parte de una importante firma de contadores, una nueva empresa arroja pérdidas los primeros dos años. En los siguientes dos años, gana suficiente dinero para recuperar las pérdidas de los primeros dos años. Al final del cuarto año, la compañía comienza a obtener ganancias netas. Sólo en el séptimo año la compañía comienza a despegar, a menudo gana más dinero en un año que el que hizo los cinco a siete años previos. Como lo dijo Peter Drucker: "Ninguna nueva empresa obtiene ganancias en los cuatro primeros años".

Ubícate en el carril rápido

Entonces ¿cómo alcanzas tu elevación de crucero lo más rápido y predeciblemente posible? La respuesta es sencilla: conocimiento, habilidades y trabajo duro.

Dedícate a seguir aprendiendo, a no detener tu desarrollo personal y profesional. Leer a diario sobre tu industria, escucha audios educacionales en tu auto, asiste a seminarios, aprende nuevas habilidades y toma cursos adicionales presenciales o virtualmente. Nunca dejes de aprender y de actualizar tu conocimiento.

Convierte ese conocimiento en una habilidad al practicar constantemente. Entiende anticipadamente que la mayoría de las nuevas técnicas que pruebes no funcionarán la primera vez. Prepárate para trabajar en esa nueva habilidad hasta que la domines sin importar cuánto tiempo tome.

Aprender una nueva habilidad es como aprender a hacer un nuevo plato en casa. Sin importar lo bien que sepa cuando lo prepara un experto, tus primeros intentos no serán tan buenos. Pero cuando practicas con una nueva receta, adaptando continuamente los ingredientes y cambiando la manera de prepararla, con el tiempo el plato sabrá delicioso. Desde ese momento en adelante, puedes preparar ese plato de manera excelente cada vez que lo hagas.

Es lo mismo con una habilidad de negocios. Primero serás descoordinado y torpe. Pero a medida que trabajas con la habilidad, una y otra vez, con el tiempo la dominarás y la conservarás para toda la vida. Éste es uno de los principios más importantes para el éxito que aprenderás.

CAPÍTULO NUEVE

Activa tu mente superconsciente

Un milagro no es más ni menos que esto. Alguien que ha llegado al conocimiento de su verdadera identidad, de su unidad con la Sabiduría y el Poder todo-penetrantes, hace posible que le sean reveladas de esta manera leyes más elevadas de lo que la mente ordinaria conoce.

RALPH WALDO TRINE

Los aviones de pasajeros más grandes en la actualidad tienen el equipo de aviónica más avanzado y sofisticado. Los computadores de alta tecnología en los aviones de pasajeros más comunes de hoy, son capaces de monitorear cada parte y realizar mediciones del avión. Los sistemas de aviónica, que cuestan millones de dólares para un avión grande, son tan avanzados que pueden hacer que el avión despegue, vuele y aterrice casi sin asistencia humana.

Los pilotos, desde luego, son esenciales en cada avión por tres razones principales. Primero, son necesarios para establecer el destino. Así que deben seguir una lista de chequeo para asegurar que el avión no tiene problemas técnicos. Son necesarios para recorrer la pista de aterrizaje, despegar y alcanzar altitud.

Segundo, los pilotos son necesarios para revisar continuamente que todo en el avión funcione correctamente y tomar decisiones respecto al viento, la turbulencia, las tormentas y correcciones de curso esenciales.

La tercera razón por la cual los pilotos son indispensables es para asegurar que el avión aterrice con seguridad en su destino.

Afortunadamente, en la mayoría de los casos, cuando el piloto programa las coordenadas del destino en el computador de abordo, y el avión alcanza la altura de crucero, el avión vuela con piloto automático y vuela inequívocamente hacia su destino, hace diversas correcciones de curso y ajustes a lo largo del vuelo. El piloto puede relajarse un poco, sabiendo que millones de dólares de sofisticada tecnología están dirigiendo y controlando el avión hacia su destino.

Tu mente superconsciente: tu mayor poder

De la misma manera, tu mente superconsciente sirve como tu sistema avanzado de aviónica y dirección. Para usar esta mente, primero determina tu destino exacto o tu meta. Escríbelo, de esta manera programarás tu mente subconsciente. Cuando tu meta es clara para tu mente subconsciente, se pasa a tu mente superconsciente, la cual luego trabaja las veinticuatro horas del día hasta que logres tu meta y llegues a tu destino.

Se ha conocido y hablado de la mente superconsciente a lo largo de la historia de la humanidad. Maestros místicos y religiosos la han llamado la "Mente de Dios". Ralph Waldo Emerson la llamó "el alma superior". Carl Jung se refirió a ella como "el inconsciente colectivo". Napoleón Hill se refirió a ella como "la inteligencia infinita". Él concluyó que la habilidad para activarla era la primera razón para el éxito de las personas más adineradas de Estados Unidos. También es conocida como "intuición", "premonición", "instinto" o "la voz interior".

No importa si eres o no religioso, espiritual o no. Tu mente superconsciente es el poder más grande disponible para ti y dirigido adecuadamente, puede capacitarte para lograr cualquier meta y alcanzar cualquier destino que puedas trazarte para ti mismo mientras tengas una meta clara. Es uno de los secretos del éxito más importantes.

Tu mente superconsciente atrae a tu vida gente, ideas y recursos en armonía con tus pensamientos dominantes. Te trae todo lo que necesitas para tener éxito.

Puedes dar pequeños golpes en tu mente superconsciente como en un súper computador, buscando ideas, soluciones dirección y asistencia. Entre más la uses y creas en ella se hará más poderosa, y crecerá en capacidad. Cuando comienzas a estimular tu mente superconsciente de manera regular, comenzará a funcionar fácilmente, y automáticamente solucionará tus problemas y logrará tus metas.

Necesita instrucciones claras

Tu mente superconsciente se activa con instrucciones claras a manera de afirmaciones positivas. Éstas son las afirmaciones personales positivas dichas en presente, y las dices en tu mente consciente para tu mente subconsciente. Cada vez que digas una afirmación positiva o declares tu meta como si ya la hubieras alcanzado, activas tu mente superconsciente.

Las imágenes mentales emocionales, gráficos y visualizaciones también activan tu mente superconsciente. Entre más claridad tengas respecto a las metas que deseas, y entre más emociones con las que puedas visualizar esas metas, más rápido tu mente superconsciente las traerá a tu vida.

Funciona de forma automática y continuamente

Tu mente superconsciente automática y continuamente resuelve cada problema en el camino hacia tu meta, siempre y cuando ésta sea clara. Al escribir tus metas clara y específicamente, en realidad las estás programando en el sistema de dirección de tu superconsciente, en donde luego pueden tomar vida y poder por sí mismas.

Así estés despierto, dormido y ocupado con otras actividades, tu mente superconsciente trabaja las veinticuatro horas del día. Cuando hayas decidido tu meta, puedes seguir con tu vida diaria mientras tu mente superconsciente trabaja en ella, de la misma manera como cuando ingresas un problema en un computador y lo dejas correr.

Tu mente superconsciente funciona mejor con una actitud de calma, confiadas expectativas. Cuando crees confiadamente y esperas lograr la meta exacta o la respuesta para ti en el momento exacto, tu mente superconsciente funcionará rápida y eficientemente.

Esta mente siempre está disponible de inmediato para ayudarte a lograr cualquier meta, resolver cualquier problema, o superar cualquier obstáculo. Solucionará tus problemas financieros, te llevará a tu alma gemela, y te guiará hacia los deseos de tu corazón.

Está dedicada a tu éxito y felicidad

Tu mente superconciente es tu siervo devoto. Quiere que tengas éxito y éxito en gran manera. Quiere que seas feliz, saludable y próspero, y que disfrutes de una vida maravillosa y satisfactoria.

Pero tu mente superconciente también sabe que necesitas aprender ciertas lecciones para poder conservar tu éxito cuando lo hayas alcanzado. Este poder te traerá esas lecciones, una a la vez, en secuencia, como un buen maestro instruyendo a un estudiante. Tu trabajo consiste en ver cada revés o dificultad que experimentes, como una valiosa lección en sí mismo. Siempre pregúntate cuando las cosas parezcan ir mal, ¿qué puedo aprender de esta experiencia?

Prepárate para proceder de inmediato

Tu mente superconsciente traerá la respuesta exacta que necesitas en el momento exacto. Pero esta respuesta tiene "fecha de vencimiento". Cuando recibas una respuesta superconsciente, debes actuar de inmediato.

Cuando estás trabajando en un problema o una meta y tienes el impulso para hacer una llamada telefónica, comprar un libro, hablar con una persona, o cualquier otra acción, muévete rápido. No te demores. Si esperas veinticuatro horas, o incluso unos minutos, podrá ser muy tarde.

Tu mente superconsciente a menudo te habla en forma de ideas. Algunas de las personas más exitosas de la historia han logrado la grandeza al actuar sobre una sola idea que les llegó a la mente como un rayo.

Cómo activar tu mente superconsciente

Intencionalmente puedes activar los poderes de tu mente superconsciente de muchas maneras. La primera es sencilla. Toma una hoja de papel y escribe cada detalle del problema que estas enfrentando. A veces el mismo acto de escribir cada detalle del problema o de la situación, cómo sucedió, qué efecto está generando, qué puedes hacer, y cosas así, activa tu mente superconsciente para darte la solución perfecta.

Otra manera de activar tu mente superconsciente es olvidar el problema por completo. Ocúpate mucho trabajando en algo más al punto de no tener tiempo para pensar en el problema. Luego en el momento exacto, la respuesta precisa surgirá en tu mente. Pero recuerda, cuando esto suceda, debes actuar de inmediato.

A lo largo de la historia grandes hombres y mujeres han activado sus mentes superconscientes con la meditación o con lo que se llama "calma de la mente". Cuando te relajas completamente y permites que tu mente se ponga en blanco, muy a menudo surge una idea superconsciente.

Mi manera favorita para activar la mente superconsciente es la práctica de la soledad. Para sacar lo mejor que se puede de un periodo de soledad, usa este método. Primero, decide sentarte en soledad y quietud, por lo menos treinta minutos. Ese es el tiempo necesario para que tu mente se relaje por completo.

Segundo, aleja todas las distracciones. Elimina el café, el té o cualquier otra cosa que pueda hacer que tu atención se desvíe. Esto se llama "entrar en el silencio". Cuando te sientas en silencio y soledad, sin sonidos ni distracciones, y sólo permites que tu mente se calme y aclare, sucede algo maravilloso. Los escritores a menudo dicen que en un periodo de soledad fueron "tocados por la musa".

Tercero, para nada te esfuerces en pensar en tu problema o en tu meta. Permite que tu mente se relaje por completo. No trates de pensar en nada. Sólo siéntate en silencio y permite que tu mente divague tranquilamente por tu vida, pensando en nada o en todo. Y en cierto momento, estando sentado en silencio, la respuesta exacta que necesitas en ese instante vendrá a tu mente.

Escuchar música clásica tranquila también puede activar tu mente superconsciente. La relajación profunda a menudo activa la actividad superconsciente. A veces tendrás una idea superconciente o una respuesta mientras te estás durmiendo o despertando. Mantén una libreta de notas a tu lado y escribe rápidamente cualquier idea o comprensión que pueda llegar a tu mente para que no te olvides.

También puedes activar tu mente superconsciente por medio de actividad física, caminando, corriendo, nadando o haciendo una actividad aeróbica, eso aumenta tu ritmo cardiaco y activa la liberación de endorfinas y dopamina en tu cerebro. Esos químicos te dan un sentimiento de felicidad y euforia y a menudo van acompañados de inspiraciones superconscientes. Es por esto que muchas personas tienen sus mejores ideas en la ducha después de hacer ejercicio.

Cuando aprendes acerca del superconsciente y practicas confiar en tu mente superconsciente, tu potencial se volverá ilimitado. Tu trabajo es activar esa mente y usarla consciente, deliberada y consistentemente. Ten plena fe en que funcionará para ti de la manera exacta en el momento exacto, y así será.

La solución superconsciente

Estas son tres maneras como puedes decir si has recibido una solución super consciente:

1. Una solución superconsciente será completa en todos los aspectos. Tratará con cada aspecto del problema o de la meta.
2. Una solución superconsciente será una "luz cegadora sobre lo obvio". Será sencilla, clara, y completamente dentro de tus habilidades para llevarla a cabo. Te preguntarás por qué no habías pensado en eso antes.
3. Una idea o respuesta superconsciente vendrá de tu intuición. Como consecuencia, se sentirá bien. Estarás relajado y feliz. Tu estrés y tensión desaparecerán. Tendrás ansiedad de implementarla lo más pronto posible.

La gran Ley

La Ley de la Actividad Superconsciente dice: "cualquier pensamiento, plan, meta o idea sostenido continuamente en la mente consciente, se hará real por la mente superconsciente".

Esta es una definición importante. Tu mente superconciente no puede trabajar para ti si tienes una serie de metas o destinos aleatorios o contradictorios.

El "único ojo" es lo que te permite desatar y liberar todos tus poderes mentales. Tu habilidad para enfocarte y concentrarte es esencial. Tu mente superconciente trabaja para ti cuando decides tu principal propósito, aquella meta que puede tener el mayor impacto positivo en tu vida, y piensas constantemente en ella, manteniéndola con claridad en tu mente consciente.

Tu mente superconciente se activa cuando das un paso de fe, cuando das el primer paso y el segundo y el tercero hacia tu meta. Sobre todo, tu mente superconciente exige que hagas continuas correcciones en el curso, que persistas enfrentado toda adversidad, sin importar lo que pase.

Cuando combines todas esas actividades, llamarás los grandes poderes del universo para ayudarte a lograr cualquier meta que de verdad desees.

CAPÍTULO DIEZ

Evita los atajos y otras distracciones

Algunos hombres se rinden con sus diseños cuando ya casi llegan a la meta; mientras que otros, por el contrario, obtienen la victoria al ejercer, en el último momento, los más vigorosos esfuerzos que nunca antes.

HERÓDITO

Probablemente el mayor enemigo del éxito personal se explica con la Ley del mínimo esfuerzo. Así como el agua fluye hacia abajo, la mayoría de las personas buscan continuamente la vía más rápida y fácil para obtener lo que desean, pensando o preocupándose muy poco respecto a las consecuencias a largo plazo que tendrá su comportamiento. Esta tendencia natural de las personas a tomar el camino fácil, explica la mayoría de logros no alcanzados y fracasos en la vida adulta.

Si quieres tener buen estado físico, sólo hay una manera. Debes ejercitarte doscientos minutos o más por semana. Para cualquier deporte, debes hacer ejercicios de estiramiento, ejercicios de fortalecimiento y ejercicios aeróbicos. Debes ejercitar la parte superior de tu cuerpo así como la parte inferior. Y así como cepillar tus dientes o bañarte, debes hacerlo durante toda tu vida.

Si quieres tener buen estado mental para conservar y aumentar tu habilidad de ganancias, también debes ejercitarte mentalmente. Debes leer y estudiar temas sobre tu campo de trabajo. Debes mantenerte al día con lo que está sucediendo en tu industria. Debes escuchar audios educativos en lugar de la radio en el carro. Debes apagar la televisión y usar tu tiempo para mejorar personal y profesionalmente. Todos los días debes resistir la atracción hacia la vía del menor esfuerzo.

Algo por nada

Uno de los deseos más poderosos en los seres humanos es querer obtener algo por nada o por el menor valor posible. Es trágico ver cuántas personas están mal dirigidas debido a su esperanza o fantasía respecto a obtener dinero de alguna manera que sea rápida y fácil. Trágicamente, las personas con la tendencia a hacerse ricos rápido o a obtener algo por nada, pasan de la artimaña de dinero fácil a otra y al final terminan con bolsillos vacíos y hoyos en sus zapatos.

Malcom Forbes una vez escribió, "si es demasiado bueno para ser cierto, probablemente lo sea".

Prepárate para pagar el precio

Nada es tan fácil como parece al principio. Nada que valga la pena es sencillo. Cada gran logro es el resultado de cientos y miles de pequeños esfuerzos que nadie ve o aprecia. Cada gran fortuna es el resultado de muchos años de duro trabajo y experiencia, de semanas de sesenta, setenta y ochenta horas de trabajo; de años sin vacaciones e incontables reveces, decepciones, turbulencias inesperadas y vientos contrarios.

Muy a menudo, lees en el periódico acerca de personas que dieron inicio a una compañía de alta tecnología, o una empresa punto com como Google o Youtube, y se hicieron extremadamente adinerados en un corto periodo de tiempo. Pero de los veintiséis millones de empresas sólo en Estados Unidos, estas personas representan una fracción muy pequeña del 1 por ciento. Se escribe de ellas en periódicos porque son muy raras. La mayoría de fortunas duraderas se construyen con dinero serio, acumulado lenta y cuidadosamente durante largos periodos de tiempo.

Practica la sigla AACO para volar

Cuando aprendes a volar un pequeño avión, te enseñan a hacer uso del "AACO" si te pierdes. Estas son "admite", "asciende", "confirma" y "obedece".

Enfrenta la verdad

La primera letra es A, "admite". Tan pronto entiendas que estás perdido, que ya no sabes hacia dónde estás volando según las reglas visuales de vuelo, deberías contactar a la torre más cercana y admitir que tienes un problema. En algunas situaciones, los pilotos de aviones pequeños, en lugar de admitir que estaban perdidos, siguieron volando en círculos cada vez más grandes hasta quedarse sin gasolina y chocar.

Cuando tengas un problema en tu negocio o en tu vida financiera, prepárate para admitírselo a alguien que te pueda ayudar. Si tienes un problema financiero en tu negocio, dile de inmediato a tu banquero lo que está sucediendo. Tu banquero habrá visto este tipo de situación cientos de veces y será flexible contigo. Pero a los banqueros no les gustan las sorpresas. No quieren enterarse demasiado tarde que no puedes cumplir con los pagos que acordaste.

Si tu empresa está en problemas, no te rehúses a buscar a alguien de tu misma industria y pedirle consejo. La mayoría de problemas en los negocios, han sido vividos incontables veces. La mayoría de estos problemas también han sido resueltos en muchas ocasiones . No reinventes la rueda. Pídele consejo y asesoría a una persona experimentada. Mantén tu ego fuera del camino.

Desarrolla una perspectiva apropiada

La segunda letra es A, "asciende". En un avión esto quiere decir que te elevas lo más alto que puedes para poder ver más del paisaje y probablemente encontrar tu rumbo nuevamente.

En tu vida personal y de negocios el equivalente a ascender es dar un paso hacia atrás desde donde estás y ser completamente honesto contigo mismo respecto a tu situación y tus problemas. Actúa como si fueras tu propio consultor. Has preguntas objetivas, como las que ya hemos discutido. Rehúsate a involucrarte emocionalmente cuando las cosas se desvíen, como siempre sucederá.

Tu habilidad para permanecer en clama, tranquilidad y seguro te dará la capacidad de enfrentar cualquier problema con la mente despejada y bien enfocada.

Se honesto y directo

La tercera letra es C, "confirma". Dile a la torre de control más cercana quién eres y qué estás viendo. Responde honesta y objetivamente las preguntas del operador y haz lo que mejor puedas. No dejes nada por fuera. Entre mayor información tenga el operador, más probabilidades hay que él o ella puedan ayudarte a volver a tu curso.

En la vida, cuando te encuentres desviado de tu curso por cualquier motivo, anúncialo de inmediato a las personas que están involucradas. Si tienes un problema en la compañía, dile al equipo exactamente cuál es el problema y qué estás haciendo para resolverlo. Si tienes un problema de entrega o de producción, llama de inmediato a tus clientes y diles lo que está sucediendo. No mantengas secretos. No reserves información vital.

Una de las verdades más importantes en la vida y en los negocios es que todo el mundo lo sabe todo. No hay secretos. Tan pronto como algo sucede, la gente empieza a hablar al respecto, de una persona a otra. Los rumores se esparcen a una velocidad increíble y llegan a la persona que menos debe saberlo. Informa a las personas antes que lo escuchen por otra parte.

Si cuando eras niño, rompías la ventana de un vecino mientras jugabas en el vecindario, la regla era "corre más rápido que la noticia". Tenías que asegurarte de llegar a casa y decirle a tu padre o tu madre lo que había pasado antes de que tu vecino lo hiciera. A los padres tampoco les gustan las sorpresas.

En tu trabajo y vida personal, también deberías correr más rápido que la noticia. Practica el principio de "sin sorpresas". Esta insistencia de tu parte para ser abierto, honesto y directo te creará una reputación de honestidad e integridad. La gente confiará en ti y te creerá, y estará dispuesta a apoyarte mucho más que si se enteraran de la noticia por sus propios medios. Recuerda, si quieres que la gente confíe en ti, el primer requisito es que seas confiable.

Busca el consejo de los expertos

La última letra es O "obedece". Haz lo que el operador de vuelo te diga que hagas si estás perdido en un avión pequeño. No discutas ni debatas, no intentes criticar al experto. Sigue sus instrucciones al pie de la letra. El operador sólo tiene una meta, y es ayudarte a llegar a tierra con seguridad. En tu negocio y en tu vida personal, la situación es muy similar. Cuando pides consejo de tus banqueros, abogados, contadores o asesores de negocios, deberías estar listo a seguir su consejo de inmediato para enfrentar la situación actual. Eso no quiere decir que deberías seguir ciegamente su consejo, pero sí quiere decir que deberías proceder de inmediato para aplicar el consejo si tiene sentido para ti y si te ayudará a resolver el problema.

Prepárate para pagar todo el precio del éxito con antelación. Resiste la tentación natural a hacerte rico rápido o recibir algo por nada. En el análisis final, la única manera de lograr tus metas es hacer una contribución valiosa, añadir valor de algún tipo. Nunca intentes obtener premios sin trabajar o recibir cualquier cosa a la que no tengas derecho por virtud del esfuerzo, de mucho trabajo.

CAPÍTULO ONCE

Domina tus temores

El valor es la resistencia al miedo, es dominar el temor, no es la ausencia de temor.

MARK TWAIN

Probablemente el mayor reto que puedas enfrentar en la vida es la conquista del temor y el desarrollo del coraje. El temor es, y siempre lo ha sido, el mayor enemigo de la humanidad.

Cuando Franklin D. Rosevelt dijo: "A lo único que le debemos temer es al temor mismo", quería decir que la emoción del temor en lugar de la realidad de aquello que tememos es lo que nos genera ansiedad, estrés e infelicidad. Cuando desarrollas el hábito del valor y una autoconfianza inquebrantables, todo un nuevo mundo de posibilidades se abre para ti. Sólo imagina, ¿qué te atreverías a soñar o ser o hacer si no le temieras a nada en el mundo?

Desarrolla el hábito del coraje

Afortunadamente, el hábito del coraje puede aprenderse así como cualquier otro hábito se aprende, por medio de la repetición. Necesitamos enfrentar constantemente y sobreponernos a nuestros temores para construir la clase de valor que nos capacitará para tratar sin temor con los inevitables altibajos de la vida. El punto de inicio para sobreponerse al temor y desarrollar valor, es mirar los factores que nos predisponen a tener temor.

La fuente principal de la mayoría de temores está en un condicionamiento de la niñez, usualmente asociado con críticas destructivas. Esto hace que desarrollemos dos tipos importantes de temores. Estos son el temor al fracaso, que nos hace pensar "no puedo, no puedo, no puedo" y el temor al rechazo, lo que nos hace pensar "tengo que, tengo que, tengo que".

Cuando estamos poseídos por esos temores nos preocupamos con la posibilidad de perder nuestro dinero, nuestro tiempo o nuestra inversión emocional en una relación. Nos volvemos muy sensibles a las opiniones y posibles críticas de los demás, a veces al punto en el que nos da miedo hacer algo que otra persona podría desaprobar.

Nuestros temores pueden paralizarnos, impedir que tomemos acciones constructivas rumbo hacia nuestros sueños y metas. Cuando estamos aferrados a un temor, dudamos y nos retrasamos. Nos volvemos indecisos. Aplazamos cosas. Creamos excusas y encontramos razones para no avanzar. Nos sentimos frustrados, atrapados en la doble atadura de "tengo que, pero no puedo" y "no puedo, pero tengo que".

Entre más sepas, menos temerás

El temor también lo genera la ignorancia. Cuando tenemos información limitada, o las dudas nos dominan. Nos volvemos tensos e inseguros respecto al resultado de nuestras acciones. La ignorancia nos hace temer al cambio, temer a lo desconocido y evitar intentar algo nuevo o diferente.

Pero lo inverso también es cierto. El mismo acto de recolectar más y mejor información respecto a un tema en particular, aumenta nuestro valor y confianza en ésa área. Puedes ver esto en las partes de tu vida donde no temes para nada porque sabes lo que estás haciendo. Te sientes competente y completamente capaz de manejar lo que suceda.

Dos factores más que contribuyen al temor son la enfermedad y la fatiga. Cuando estás cansado o no te sientes bien, o cuando estás en malas condiciones físicas, estás más predispuesto al temor y dudas que cuando te sientes saludable y lleno de energía.

Analiza tus temores

Cuando hayas identificado los principales factores que hacen que sientas temor, el siguiente paso es definir objetivamente y analizar tus temores personales.

En la parte superior de una hoja de papel en blanco escribe, "¿A qué le temo?" Recuerda que todas las personas inteligentes le temen a algo. Es normal y natural preocuparse por tu seguridad emocional, física y financiera y la de la gente que amas. Una persona valerosa no es una persona que no tiene miedo. Como lo dijo Mark Twain, "El valor es la resistencia al temor, es dominar el temor, no es la ausencia del temor".

Esto no se trata de si tienes o no tienes miedo. Todos tenemos miedo. La única pregunta es, ¿cómo tratas con el temor? Una persona valiente es alguien que avanza a pesar del temor. Y éste es un punto importante: cuando enfrentas tus temores y avanzas hacia la fuente o la causa de tu temor, tus temores disminuirán y tu autoestima y autoconfianza aumentarán. Como escribió Emerson, "haz lo que temes y asegurarás la muerte del temor".

Lo opuesto también es cierto. Cuando evitas aquello a lo que le temes, tus temores aumentarán hasta que lleguen a controlar tu vida. Y a medida que tus temores crezcan, tu autoestima, autoconfianza y autorrespeto disminuirán como consecuencia.

Haz una lista

Comienza tu lista de temores escribiendo todo, cosas grandes y pequeñas que te generen temor, estrés o ansiedad. Piensa en las partes de tu trabajo o vida personal en las que tus temores puedan estar deteniéndote o forzándote a permanecer en un trabajo o una relación en los que no estás feliz. Los temores más comunes, desde luego, son al fracaso y al rechazo.

Algunas personas, movidas por el temor al fracaso, invierten enormes cantidades de energía justificando o cubriendo sus errores. Otros, sobrecargados por el temor al rechazo, son tan obsesivos con la manera como aparentan ante otros, que no tienen ninguna habilidad para tomar acciones independientes. Hasta que no estén completamente seguros de que alguien los aceptará, no pueden tomar una decisión.

Cuanto hayas terminado la lista de temores que crees pueden estar afectando tu manera de pensar y de actuar, deberías organizarlos en orden de importancia. ¿Cuál temor sientes que tiene el mayor impacto en tu comportamiento? ¿Cuál te detiene más que otro? ¿Cuál temor sería el número dos? ¿Cuál sería tu tercer temor más grande?

Examina tus temores de manera objetiva

Respecto a tu temor predominante, escribe las respuestas a estas tres preguntas:

1. ¿De qué manera éste temor me detiene en la vida?
2. ¿De qué manera este temor me ayuda (o cómo me ha ayudado en el pasado)?
3. ¿Cuál sería mi ganancia al eliminar este temor?

Cuando hice este ejercicio hace unos años, concluí que mi mayor temor era el temor a la pobreza. Tenía miedo de no tener suficiente dinero, quebrar o de pronto ser destituido. Sabía que ese temor se había originado en mi niñez temprana. Mis padres, quienes habían crecido durante la depresión económica, se preocupaban continuamente por el dinero. Este temor se reforzó cuando entré en quiebra varias veces a la edad de los veintes. Aunque objetivamente podía determinar el origen de este temor, seguía siendo fuerte en mí. Incluso cuando tenía suficiente dinero para todas mis necesidades, este temor siempre estaba presente.

Haz las preguntas claves

Mi respuesta a la primera pregunta, "¿de qué manera este temor me detiene en la vida?" fue que me generaba ansiedad respecto a tomar riesgos con el dinero. Me hacía jugar en la seguridad respecto al empleo. Y me hacía elegir la seguridad frente a la oportunidad.

Mi respuesta a la segunda pregunta, "¿de qué manera este temor me ayuda?" fue que a fin de escapar del temor a la pobreza, había trabajado por más tiempo y más duro que la mayoría de las personas. Era más objetivo y decidido. Tomaba mucho más tiempo informándome en varias formas de ganar e invertir dinero. El temor a la pobreza de hecho me estaba llevando a la independencia financiera.

Cuando respondí a la tercer pregunta, "¿cuál sería mi ganancia al eliminar este temor?" De inmediato vi que estaría más dispuesto a tomar más riesgos. Sería más agresivo al perseguir mis metas financieras. Comenzaría mi propia empresa. No estaría tan tenso y preocupado respecto a gastar mucho o tener muy poco. No estaría más preocupado respecto al precio de todo.

Al analizar objetivamente mi mayor temor de esta manera, pude comenzar el proceso de eliminarlo. Pude "convertir el temor en poder" (aquello por lo que el conferencista motivacional Tony Robbins es conocido). Y tú también puedes de la misma manera.

Practica la cualidad del valor

Puedes comenzar el proceso de desarrollar valor y eliminar el temor al involucrarte en acciones consecuentes con los hábitos de valor y autoconfianza que deseas desarrollar. Cualquier cosa que practiques una y otra vez, eventualmente se convertirá en un hábito.

La primera y probablemente más importante clase de valor para el éxito en el mundo es el valor para comenzar, para lanzarse, para dar el paso de fe rumbo a tu meta. Éste es el valor para intentar algo nuevo o diferente, para salirte de tu zona de comodidad, sin tener el éxito garantizado.

Robert Ronstadt, profesor de emprendimiento en Babson College por doce años, dirigió un estudio de seguimiento en sus estudiantes de Maestría de negocios para saber cómo les fue más tarde en sus vidas. Para su sorpresa, menos del 10 por ciento de sus graduados había iniciado su propia empresa y habían tenido éxito. El resto de ellos estaban trabajando para otras compañías, seguían soñado con ser empresarios algún día. ¿Qué podía explicar la diferencia entre los dos grupos?

Sólo pudo hallar una cualidad que los empresarios exitosos tenían en común: su disposición a comenzar sus propias empresas en lugar de esperar. Ronstadt lo llamo el "Principio del Corredor". Encontró que a medida que estos individuos avanzaban en sus nuevas empresas, como cuando se camina a lo largo de un corredor, las puertas de las oportunidades se abrían para ellos, puertas que no habrían visto si no hubieran estado avanzando hacia adelante.

Resultó que los graduados de su programa de emprendimiento empresarial que no habían hecho nada con lo que habían aprendido, seguían esperando que las condiciones estuvieran bien antes de comenzar. No estaban dispuestos a lanzarse al corredor de incertidumbre hasta que de alguna manera pudieran tener la certeza de que tendrían éxito, algo que nunca sucedió.

El futuro le pertenece a quienes toman riesgos

El futuro le pertenece a quienes toman riesgos, no a quienes buscan seguridad. La vida es perversa, mientras más busques seguridad, menos la tendrás. Pero mientras más busques oportunidades, más probabilidades tendrás de lograr la seguridad que deseas.

Cuando sientas temor o ansiedad y necesites reforzar tu valor, dirige tu atención a tus metas. Visualiza tus metas como realidades. Imagina que ya eres la persona que deseas ser, disfrutando de la vida que deseas vivir.

Tu mente consciente sólo puede tener un pensamiento a la vez, un pensamiento de deseo o un pensamiento de temor. Cuando te disciplines a pensar y hablar constantemente acerca de tus metas, minimizarás y cancelarás tus temores. A medida que te enfoques en cómo puedes lograr tus metas, tu confianza y valor aumentarán. Tomarás el control completo sobre tus emociones y tu futuro.

La Ley de la concentración dice: "Aquello en lo que medites, crece y aumenta en tu vida". Entre más medites en tus metas, más las alcanzarás.

El desarrollo del valor

Dominar el temor y desarrollar el valor son requisitos esenciales para una vida feliz y exitosa. Cuando te comprometes a desarrollar el hábito del valor, alcanzarás finalmente el punto en el que tus temores ya no tienen ningún control sobre ti. No jugarán más un rol principal en tu toma de decisiones.

Trazarás metas grandes, retadoras y emocionantes y tendrás la confianza de saber que puedes lograrlas. Podrás enfrentar cada situación con calma y seguridad propia. Te volverás indetenible.

CAPÍTULO DOCE

Persiste hasta que tengas éxito

Decide convertirte en uno de los mejores;
el dinero suficiente prácticamente de forma automática
llegará si llegas a ser uno de los "mejores"
en el campo que hayas elegido.
DON G. MITCHELL

La única cualidad más importante para el éxito es la autodisciplina. Autodisciplina es tener la habilidad dentro de ti, según la fuerza de tu carácter y fuerza de voluntad, para hacer lo que debes hacer cuando debes hacerlo, así tengas deseos o no de hacerlo.

El carácter es la habilidad de seguir adelante con una decisión después que haya pasado el entusiasmo con el que se tomó la misma. No es lo que aprendes sino si puedes o no dedicarte y disciplinarte para pagar el precio, una y otra vez, hasta que finalmente alcances tu meta. La autodisciplina es necesaria en cada fase de tu travesía.

En primer lugar necesitas autodisciplina para establecer tus metas y hacer planes a fin de lograrlas. Necesitas autodisciplina para revisar continuamente y actualizar tus planes con la información nueva y para planear cada día, establecer prioridades en el uso de tu tiempo y concentrarte en la tarea más importante que podrías estar haciendo a cada momento.

Necesitas autodisciplina para invertir en ti mismo cada día, para desarrollarte personal y profesionalmente, para aprender lo que necesitas aprender y alcanzar las metas que son posibles para ti, para aplazar la gratificación, para ahorrar e invertir tu dinero a fin de poder lograr independencia financiera a lo largo de tu vida laboral. Necesitas autodisciplina para mantener tus pensamientos fijos en tus metas y sueños y mantener lejos tus dudas y temores, para responder positiva y constructivamente frente a los reveses y problemas en lugar de enojarte o deprimirte.

La persistencia es la autodisciplina en acción

Probablemente la mejor muestra de autodisciplina es la persistencia cuando las cosas se ponen difíciles. La persistencia es la autodisciplina en acción. La persistencia es la gran medida del carácter humano. De hecho tu persistencia es la verdadera medida de tu confianza en ti mismo y tu habilidad para tener éxito.

Cada vez que persistes frente a la adversidad y las decepciones, construyes el hábito de persistencia. Construyes orgullo, poder y autoestima en tu carácter y en tu personalidad. Te haces más fuerte y más decidido. Al persistir, te haces más autodisciplinado. Desarrollas dentro de ti la cualidad de hierro para el éxito, la cualidad que te llevará hacia adelante y pasarás sobre cualquier obstáculo que la vida pueda poner en tu camino.

Las leyendas de grandes logros de hombres y mujeres a lo largo de la historia son relatos del triunfo de la persistencia.

Todos los grandes hombres y mujeres han tenido que enfrentar tremendas pruebas y tribulaciones antes de alcanzar las alturas del éxito y los logros. La fuerza de carácter manifestada en su decisión inquebrantable fue lo que los hizo grandes.

La persistencia es el sello del éxito

Los ejecutivos y empresarios exitosos parecen ser poseídos por una fuerza de voluntad indomable y persistencia inquebrantable. Todo el que ha tenido mucho éxito en cualquier campo tiene que superar tremendas adversidades, a menudo por muchos años, antes de finalmente triunfar.

En 1890 Estados Unidos estaba en medio de una terrible depresión económica. Muchos negocios fracasaron alrededor del país y miles personas perdieron sus trabajos. Un hombre de negocios en el Medio Oeste perdió su hotel en medio de esa depresión y se encontró con poco dinero y mucho tiempo a su disposición. Decidió escribir un libro para motivar e inspirar a otros para que persistieran y siguieran adelante a pesar de las dificultades que enfrentaba la nación.

Su nombre era Orison Swett Marden. Tomó un espacio en la parte superior de una caballeriza, y durante todo un año trabajó día y noche escribiendo un libro a mano, lo tituló *Pushing to the Front (Empujando Hacia Adelante)*. Éste libro contaba las historias de muchos hombres y mujeres que habían persistido una y otra vez hasta llegar a tener éxito.

Finalmente terminó el libro. Temprano en la noche, hizo la última página y estando cansado y con hambre, caminó hasta la otra esquina de la calle hacia un pequeño café para cenar. Mientras estaba sentado cenando, la caballeriza se incendió. Para cuando volvió, todo su manuscrito, de más de 1500 páginas, había sido destruido por las llamas.

Nunca te rindas

Al principio estaba abrumado con sentimientos de decepción y desánimo. Pero luego entendió que todo su libro había sido escrito respecto a la importancia de persistir frente a la adversidad. Buscando en sus recursos interiores, volvió a trabajar y pasó otro año volviendo a escribir el libro desde el comienzo. Se rehusaba a rendirse.

Cuando terminó el libro, se lo ofreció a varias editoriales, pero en medio de la depresión, que ya estaba en su tercer año, nadie estaba interesado en un libro motivacional. Calmadamente aceptó el rechazo y decidió esperar a que fuera un mejor tiempo. Se mudó a Chicago y tomó otro trabajo.

Un día, le mencionó su libro a un amigo que conocía a un editor. El editor leyó el manuscrito y se emocionó mucho. Sintió que el libro era exactamente lo que la gente debía estar leyendo en medio de una depresión o en cualquier momento. *Pushing to the Front* fue publicado subsecuentemente y llegó a ser un libro mejor vendido. Se convirtió en una fuente de inspiración y ánimo para miles de personas.

Muchos ejecutivos sobresalientes y políticos dijeron que *Pushing to the Front* fue el libro que trajo a Estados Unidos hasta el siglo veinte. Tuvo una tremenda influencia en las mentes de quienes tomaban las decisiones en todo el país y se convirtió en el gran clásico de la historia de libros de desarrollo personal hasta ese tiempo. Fue leído y digerido por personas como Henry Ford, Thomas Edison, Harvey Firestone y J. P. Morgan.

Empieza a avanzar y sigue avanzando

Orison Swett Marden escribió en su libro, "hay dos requisitos esenciales para el éxito. El primero es dirección y el otro es persistencia". Respecto a la cualidad de la persistencia escribió, "no hay fracaso para el hombre que conoce su poder, que nunca sabe cuándo está derrotado; no hay fracaso para el emprendedor decidido, la voluntad inconquistable. No hay fracaso para el hombre que se levanta cada vez que cae, que rebota como una bola de goma, que persiste cuando todos los demás se dan por vencidos, que sigue avanzando cuando todos los demás dan la espalda".

La persistencia es tu activo más grande

Probablemente tu mayor activo es sencillamente tu habilidad de seguir con una tarea más allá que cualquiera. *B. C. Forbes,* quien fundó la revista Forbes y la convirtió en una publicación importante durante los días más oscuros de la depresión económica escribió, "la historia ha demostrado que los ganadores más sobresalientes usualmente encontraron obstáculos desalentadores antes de haber triunfado. Ellos ganaron porque se rehusaron a desanimarse por sus derrotas".

John D. Rockefeller, quien una vez fuera el hombre más rico del mundo debido a su propio esfuerzo, escribió, "no creo que haya otra cualidad tan esencial para el éxito de cualquier clase como la cualidad de la perseverancia. Se sobrepone casi sobre todo, incluso sobre la naturaleza".

Conrand Hilton, quien comenzó con un sueño y un pequeño hotel en Lubbock, Texas, y prosiguió hasta construir una de las corporaciones hoteleras más exitosas del mundo, dijo, "el éxito parece estar conectado con la acción. Los hombres exitosos se mantienen en movimiento. Cometen errores, pero no renuncian".

La decepción es inevitable

Las personas inteligentes, procediendo según sus propios y mejores intereses, hacen todo lo posible para reducir la cantidad de problemas y dificultades que puedan enfrentar en sus actividades diarias. Pero a pesar de nuestros mejores esfuerzos, las decepciones y la adversidad son parte normal, natural e inevitable de la vida. Se ha dicho que lo único que no se puede evitar es la muerte y los impuestos. Pero la experiencia demuestra que la decepción también es inevitable.

Sin importar lo bien que te organices tú y tus actividades, experimentarás incontables decepciones, reveces y obstáculos en el curso de tu vida. Y entre más elevadas y retadoras sean las metas que te traces, más decepciones y dificultades experimentarás.

Esta es una paradoja: no puedes evolucionar y crecer y alcanzar todo tu potencial a menos que enfrentes la adversidad, trates con ella efectivamente y aprendas de ella. La mayoría de las mejores lecciones de la vida vendrán a ti como consecuencia de reveces y derrotas temporales que te has esforzado mucho en evitar. Por consiguiente, la adversidad viene espontánea, inesperada e indeseablemente, a pesar de tus mejores esfuerzos. Y aún, sin la adversidad, no puedes crecer y convertirte en la persona capaz de lograr las grandes metas posibles para ti.

La adversidad es lo que nos prueba

A lo largo de la historia, grandes pensadores han reflexionado en esta paradoja y han concluido que la adversidad es la prueba que debes pasar en el camino hacia lograr cualquier cosa valiosa. Heródito el filósofo griego dijo, "la adversidad tiene el efecto de extraer fuerza y cualidades de un hombre que habrían permanecidos dormidas en su ausencia". Las mejores cualidades de fortaleza, coraje, carácter y persistencia son extraídas de ti cuando enfrentas tus más grandes retos y cuando respondes a ellos positiva y constructivamente.

Todos enfrentamos dificultades a cada paso del camino. La diferencia entre quienes logran grandes cosas y quienes logran pocas cosas es sencillamente que los que logran grandes cosas hacen uso de la adversidad para ser más fuertes, mientras quienes logran cosas pequeñas, permiten que las dificultades los abrumen y los dejen desanimados y abatidos.

El éxito siempre es un paso después del fracaso

Tus éxitos más grandes, casi invariablemente, vienen después de tus más grandes fracasos, cuando todo dentro de ti dice que renuncies. Hombres y mujeres a lo largo de la historia se han asombrado al encontrar que sus grandes avances llegaron como resultado de persistir frente a la adversidad y contra toda probabilidad. Este acto final de persistencia, que a menudo se llama la "prueba de persistencia", parece preceder el más grande de los logros.

H. Ross Perot, quien fundó las industrias EDP con 1.000 dólares y la construyó hasta convertirla en una fortuna de casi 3 billones de dólares, es uno de los emprendedores que hicieron su fortuna por sí solos, más exitosos de la historia de los Estados Unidos. Él dijo, "la mayoría de la gente se rinde cuando está a punto de lograr el éxito. Renuncian en la última yarda. Se dan por vencidos en el último minuto del juego, a un pié de distancia de la anotación ganadora".

El poder de persistir a pesar de todo, de resistir, esa es la cualidad del ganador. La persistencia es la habilidad de enfrentar la derrota una y otra vez sin darse por vencido, es persistir frente a la gran dificultad. Hay un poema escrito por un autor anónimo que creo que todos deberían leer, memorizar y recitarse a sí mismos cuando se sientan tentados a renunciar o a dejar de intentarlo. Este poema se titula "no renuncies".

No renuncies

Cuando las cosas salen mal, como algunas veces pasará,
cuando el camino que estás siguiendo con dificultad
parece estar cuesta arriba,
cuando haya pocos fondos y las deudas sean elevadas,
y quieras sonreír pero tengas que suspirar,
cuando la preocupación te presione un poco,
descansa, si debes hacerlo, pero no te rindas.

La vida es extraña con sus giros y vueltas,
como todos lo aprendemos en algún momento,
y muchas veces llegará un fracaso, descubrirás
que habrias ganado si hubieras perserverado
no te rindas aunque el paso parezca lento —
puedes alcanzar el éxito con un soplido más
El éxito es el fracaso puesto al revés —
el tinte plateado de las nubes de la duda.

Y nunca puedes predecir cuán cerca estás.
Puedes estar cerca aún cuando parezca lejano:
así que sigue en la lucha cuando más fuerte te golpeen—
cuando las cosas parecen peores
es cuando no debes renunciar.

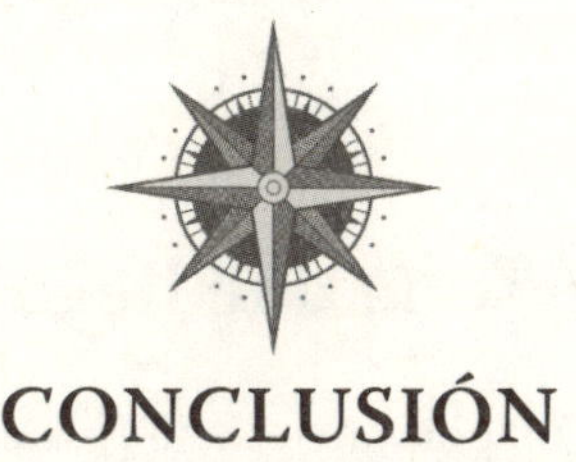

CONCLUSIÓN

El éxito no es un accidente

No esperes. El tiempo nunca será el apropiado. Empieza donde estás: trabaja con las herramientas que tengas a la mano, y encontrarás las mejores herramientas a medida que avances.

NAPOLEÓN HILL

El libro de Eclesiastés dice, "sabiduría ante todo, adquiere sabiduría, y sobre todas las cosas adquiere entendimiento". A lo largo de las edades, la adquisición de sabiduría ha sido considerada como el gran llamado de la humanidad. Los hombres y mujeres que más admiramos, que aun viven o que ya han muerto, son quienes lograron altos niveles de sabiduría en el curso de sus vidas.

En nuestra vida diaria, buscamos personas que tengan la sabiduría a partir de la experiencia, para que nos den consejo y dirección que nos ayuden a evitar los peligros y alcanzar nuestras metas.

Aristóteles escribió, "la sabiduría es una medida igual de experiencia y de reflexión". Para desarrollar sabiduría para ti mismo, debes primero tener las experiencias, luego debes reflexionar en ellas, extrayendo de cada experiencia cada idea, aportes y granos de conocimiento que contenga.

La persona que llegas a ser

La mayoría de las personas tiene el sueño, deseo y meta de ganar mucho dinero e independizarse financieramente. Casi todo el mundo sueña con ser millonario algún día. Y esta meta es eminentemente alcanzable si lo deseas lo suficiente y con tantas fuerzas y con la disposición a hacer el trabajo necesario para lograrlo.

Pero la parte más importante de ser millonario, de lograr cualquier meta o alcanzar cualquier destino importante no es la meta en sí. Es la persona que debes llegar a ser para lograr esa meta.

Para lograr algo que nunca has alcanzado antes, debes llegar a ser alguien que nunca has sido antes. Debes desarrollar cualidades y características que nunca antes has tenido. Debes aprender talentos y habilidades que nunca antes habías aprendido. Para lograr gran éxito, debes llegar a ser una gran persona. Para llegar a ser verdaderamente exitoso, como sea que definas éxito, debes llegar a ser una persona exitosa en tu mismo corazón y mente.

El carácter lo es todo

Cuando vemos o hablamos con personas que admiramos, o cuando escuchamos o pensamos en ellos, rara vez los consideramos en términos de logros materiales. En lugar de eso, los hombres y mujeres que sobresalen en nuestro pensamiento, son quienes han llegado a ser excepcionales como resultado de las experiencias que tuvieron, y las cosas que han logrado, y el carácter que han desarrollado.

Tu gran meta en la vida es completar todo tu potencial y llegar a ser todo lo que eres capaz de ser. Tu meta es convertirte en una persona excepcional, con carácter, competencia y sabiduría. Tu responsabilidad es hacer algo maravilloso con tu vida y hacer una verdadera diferencia en el mundo. Éste es el verdadero secreto del éxito.

El verdadero éxito en cualquier área usualmente es el resultado de cientos y quizás miles de pequeñas y grandes cosas que haces o dejas de hacer. No hay "clave para el éxito" o "secreto". Como una vez me dijo el escritor Og Mandino, "el gran secreto para el éxito es que no hay secretos. Simplemente hay ideas universales y principios que han sido descubiertos y redescubiertos una y otra vez".

Los tres pasos más importantes descubiertos y redescubiertos prácticamente por cada persona exitosa son estos:

1. Decide exactamente qué es lo que quieres, escríbelo, y haz un plan para lograrlo. Decide tu destino.

2. Actúa. Lánzate hacia tu meta. Da un paso de fe. Da el primer paso sin tener garantizado el éxito. Despega en tu travesía.

3. Prepárate para corregir permanentemente el curso, cada hora y cada día de tu vida mientras vuelas rumbo a tu destino. Espera una inevitable, ineludible e inquebrantable serie de problemas, dificultades, reveses, contratiempos y crisis cada día y semana de tu vida. Como no puedes evitarlos, tu objetivo debe ser responder a ellos de manera efectiva.

Toma la decisión ahora mismo de establecer tu meta, despegar, y hacer correcciones al curso permanentemente hasta que logres todo aquello que es posible para ti.

ACERCA DEL AUTOR

Bryan Tracy es uno de los conferencistas de negocios más sobresalientes de Estados Unidos, autor de libros considerados mejor vendidos y uno de los consultores y entrenadores líderes en el mundo en desarrollo personal y profesional. Se dirige a 250.000 personas cada año, hablando sobre temas que van desde el éxito personal y liderazgo hasta efectividad gerencial, creatividad y ventas. Ha escrito más de treinta libros y ha producido más de trescientos programas de aprendizaje en audio y video. Mucho del trabajo de Brian ha sido traducido a otros idiomas y está siendo utilizado en cincuenta y dos países. Es coautor con Campbell Fraser, de los programas *Advanced Coaching (Entrenamiento Avanzado)*, y *The Coaching Excellence (La Excelencia del Entrenamiento).*

Brian ha sido consultor de más de mil compañías, IBM, McDonnell Douglas, y The Million Dollar Round Table entre ellas, y ha entrenado personalmente a más de 2.000.000 de personas. Sus ideas son probadas, practicadas y se han hecho efectivas rápidamente. Sus lectores, asistentes a sus seminarios y clientes de entrenamiento, aprenden una serie de técnicas y estrategias que pueden usar de inmediato para obtener mejores resultados en sus vidas y carreras.